L'avenir du juge unique

BIBLIOTHÈQUES DE DROIT

COLLECTION FONDÉE ET DIRIGÉE PAR JEAN-PAUL CÉRÉ

Cette collection a pour vocation d'assurer la diffusion d'ouvrages scientifiques sur des thèmes d'actualité ou sur des sujets peu explorés dans le domaine des sciences juridiques. Elle se destine notamment à la publication de travaux de jeunes chercheurs.

Dernières parutions :

M. MANET, Le devenir juridique de la dignité. Une étude de la Charte africaine des droits de l'homme et des peuples

M. GALIMMARD, L'incrimination de la zoophilie

M. PELTIER-HENRY, Le droit pénal à l'épreuve des neurosciences

T. TOUZEAU, Recel et blanchiment. Nouvelles sources de cumul de qualifications

H. CAPPADORO, Les sens de la peine

M. BONNARD, Le statut juridique de l'assistance médicale à la procréation

C. LE ROUX, L'infraction politique

E. MANGIN, L'univers carcéral, la mère détenue et son enfant

P. LAURENT, L'incohérence des lois de circonstances en matière pénale

P. GOASDOU, L'impartialité du ministère public

M. GERMAIN, Essai sur l'influence du pédophile à l'égard du silence des tiers

F. LOUISE, Droit de grâce sous la Ve République

C. MORALES, Le droit animal

BIBLIOTHÈQUE DE *DROIT PENAL*

L'avenir du juge unique

BIBLIOTHÈQUE*S* DE DROIT

COLLECTION FONDÉE ET DIRIGÉE PAR JEAN-PAUL CÉRÉ

Cette collection a pour vocation d'assurer la diffusion d'ouvrages scientifiques sur des thèmes d'actualité ou sur des sujets peu explorés dans le domaine des sciences juridiques. Elle se destine notamment à la publication de travaux de jeunes chercheurs.

Dernières parutions :

M. MANET, Le devenir juridique de la dignité. Une étude de la Charte africaine des droits de l'homme et des peuples

M. GALIMMARD, L'incrimination de la zoophilie

M. PELTIER-HENRY, Le droit pénal à l'épreuve des neurosciences

T. TOUZEAU, Recel et blanchiment. Nouvelles sources de cumul de qualifications

H. CAPPADORO, Les sens de la peine

M. BONNARD, Le statut juridique de l'assistance médicale à la procréation

C. LE ROUX, L'infraction politique

E. MANGIN, L'univers carcéral, la mère détenue et son enfant

P. LAURENT, L'incohérence des lois de circonstances en matière pénale

P. GOASDOU, L'impartialité du ministère public

M. GERMAIN, Essai sur l'influence du pédophile à l'égard du silence des tiers

F. LOUISE, Droit de grâce sous la Ve République

C. MORALES, Le droit animal

BIBLIOTHÈQUE DE *DROIT PENAL*

Agathe CHARRIAU

L'avenir du juge unique

L'Harmattan

***

5-7, rue de l'École-Polytechnique – 75005 Paris
www.editions-harmattan.fr
ISBN 978-2-343-18767-9
EAN : 9782343187679

Je remercie sincèrement,

Jean DANET, qui a dirigé ce mémoire avec pédagogie et optimisme, en a coloré la substance par son goût pour l'analyse des pratiques et la pluralité de ses expériences, et m'a encouragée à assumer une posture personnelle sur ce sujet d'étude.

Gildas ROUSSEL, qui siégea lors de ma soutenance, pour la pertinence de ses conseils et la sincérité de ses encouragements. Il jugea ce travail avec la même humanité dont il fait preuve, en tant que magistrat, envers les justiciables.

Laurent GRIFFON, auprès de qui je forge mes premières armes au parquet, éveillée par l'excellence de ses apprentissages emprunts de bienveillance. Son écoute et ses conseils ont été précieux dans l'élaboration de ce mémoire.

La richesse de vos enseignements et la solidité de votre confiance continueront d'animer la magistrate que j'aspire à devenir.

Je remercie profondément,

Ma famille, et tout particulièrement ma maman, à qui je dois la réussite de ce travail à l'image de l'ensemble de mes études. Votre confiance et votre amour me portent au quotidien.

Sarah, qui fait partie intégrante de ma famille, pour sa présence amicale et apaisante depuis douze années. Son énergie et sa joie de vivre m'ont animée tout au long de ce travail.

Mes amis, pour leur dynamisme et leur motivation qui colorent ma vie et nourrissent mes projets.

Principales abréviations

ADJ	Assistant de justice
Art	Article
Cass. crim	Chambre criminelle de la Cour de cassation
CJN	Casier judiciaire national
Cons. const	Conseil constitutionnel
C. pén	Code pénal
C. pr. pén	Code de procédure pénale
Coll	Collection
CRPC	Comparution sur reconnaissance préalable de culpabilité
CSM	Conseil supérieur de la magistrature
DSJ	Direction des services judiciaires
Ed	Édition
ENM	École nationale de la magistrature
GAM	Greffier assistant des magistrats
Ibid	*Ibidem*
JAP	Juge de l'application des peines
JLD	Juge des libertés et de la détention
LOLF	Loi organique relative aux lois de finance
Not	Notamment
Op. Cit	*Opus citatum*
OPD	Ordonnance pénale délictuelle
P, pp	Page(s)
Préc	Précité
PUF/PUR	Presses universitaires de France/de Rennes
QPC	Question prioritaire de constitutionnalité
S	Suivant
TGI	Tribunal de grande instance
V	Vo

Préface

Non, le livre qu'on va lire n'a pas été écrit par une étudiante inscrite à un master de management public ! Mais par une juriste, à la faveur d'un master 2 de droit pénal et sciences criminelles. Une étudiante qui par ailleurs était, la même année, assistante de justice. Et qui souhaite engager une carrière de magistrat.

Cette étude sur le juge unique n'a pas grand-chose à voir avec ce qui serait un gros plan sur un chapitre d'un manuel d'institutions judiciaires ou de procédure pénale. Même si elle n'ignore rien des textes qui régissent la fonction de juge unique et sa compétence.

L'étude qu'on va lire témoigne en fait de l'intérêt d'ouvrir dès sa formation universitaire la réflexion du juriste à l'étude de l'ensemble des paramètres de toute nature qui permettent d'appréhender le fonctionnement de l'institution judiciaire. Cette ouverture à des travaux menés dans d'autres contextes ou par d'autres disciplines nourrit sa réflexion de juriste.

Madame Agathe CHARRIAU procède ici à un état des lieux et à une prospective. L'état des lieux était nécessaire, notamment après la loi du 23 mars 2019. La situation de la juridiction « juge unique correctionnel » méritait d'être replacée dans l'ensemble des procédures qui lui sont de plus en plus concurrentes. La prospective amène, quant à elle, à repenser *la notion* de juge unique. À rechercher à quelles conditions l'ensemble de ces procédures dans lesquelles un magistrat juge, valide ou homologue peuvent se concilier avec l'ensemble des exigences déontologiques mais plus largement avec une recherche de qualité.

L'auteure, dans le temps imparti pour un tel exercice, a su mobiliser à la fois une belle culture générale et de larges lectures qui ne pouvaient être exhaustives mais qui démontrent une curiosité et une vraie capacité à constituer une bibliographie ouverte sur d'autres disciplines. Elle a su aussi croiser les apports de ces lectures avec ses observations et les entretiens qu'elle a menés en juridiction sans jamais sombrer dans un travers assez commun dans ce genre d'exercice : la survalorisation de ce que disent les praticiens rencontrés.

Le bon usage de toutes ces ressources nous vaut une exploration très complète de toutes les faces de la question. L'analyse critique de la situation du juge unique pourra paraître à certains trop radicalement reliée aux effets du néolibéralisme et des formes de management (formes diverses d'ailleurs) qui l'accompagnent. Mais ceux-là pourront reconnaître que ce point de départ présente l'avantage de donner une explication plus profonde à des évolutions qui sans cela se réduisent à des choix de boutiquier. Et surtout, elle n'empêche nullement l'auteure de s'atteler dans toute la seconde partie à présenter les moyens de corriger les défauts de la situation précédemment analysée.

Je ne cacherai pas que cette approche me semble raisonnable. Et elle ne remet nullement en cause la nécessité d'une critique serrée d'une situation de départ. Michel FOUCAULT à la fin de sa vie, interrogé sur la question des peines avait dit à un interlocuteur qui voulait à tout prix lui faire prendre des positions très radicales : il faut être radical dans l'analyse de la situation mais réformiste dans les propositions, il faut débattre et ne négliger aucune piste. C'est l'incompréhension de l'interlocuteur qui étonne car trente-cinq ans avant, déjà, « Surveiller et punir » n'empêchait pas FOUCAULT de vouloir avec le Groupe d'information sur les prisons avancer sur telle ou telle modification du régime d'incarcération.

Comparaison n'est pas raison mais s'agissant du juge unique, les propositions fournies, serrées de l'auteure sont bien plus précieuses et positives que la revendication d'un retour à la collégialité à tous les étages qu'on a encore entendue il n'y a pas si longtemps. Penser l'avenir les yeux rivés au rétroviseur fait rarement avancer.

Les propositions qu'on va lire s'appuient d'ailleurs sur divers travaux, réflexions et rapports qui démontrent à quel point les approches de ces questions évoluent vite si on les rapporte au temps long des institutions. Et il faut ici souligner l'effort mené au sein de la Justice par diverses instances pour penser l'évolution de l'office du juge comme ses pratiques. La réflexion sur l'intervision en offre un bel exemple.

À l'évidence, nos étudiants sont comme Madame Agathe CHARRIAU intéressés par ces réflexions. Pour peu qu'on les leur fasse découvrir. Sont-elles assez relayées au sein des facultés de droit ? Ce n'est pas sûr.

C'est pourquoi il faut remercier notre collègue Jean-Paul CÉRÉ pour la direction de la présente collection. Il sait y donner à lire des travaux originaux et de qualité. Au moment de signer cette ultime préface, qu'on me permette de lui adresser mes sincères remerciements pour cette initiative. Les parcours réalisés par les auteurs des premiers volumes publiés dans cette collection témoignent de la justesse de ses choix. Et je ne saurai d'ailleurs omettre de remercier ici mon collègue et ami Gildas ROUSSEL qui avait accepté de composer avec moi le jury en charge d'apprécier le mémoire à l'origine de cet ouvrage. Il fut le premier à être publié dans cette « BIBLIOTHÈQUES DE DROIT ». À toi, mon cher Gildas de continuer d'alimenter avec d'autres cette sympathique et très utile collection !

Enfin, quel que soit le parcours à venir de Madame Agathe CHARRIAU, je ne doute pas que l'alacrité de son esprit lui assurera de se passionner pour son ou ses métiers au plus grand bénéfice des institutions qu'elle servira.

Jean DANET

Nantes, le 18 septembre 2019

Introduction

L'essor du paradigme de l'individu au XXe siècle. Le XXe siècle a été marqué par un essor des individualités (doctrines existentialistes[1], *self-made-man*). La pensée philosophique, littéraire[2], artistique[3] et sociale[4] a placé l'individu au centre de toute réflexion. En matière économique, ce paradigme s'est traduit par le

[1] La doctrine philosophique existentialiste véhicule une vision autodéterministe de l'Homme. V., SARTRE (J.-P.), *L'existentialisme est un humanisme*, éd. Gallimard, coll. Folio essais, 1997, p. 29 : « *Qu'est-ce que signifie ici que l'existence précède l'essence ? Cela signifie que l'homme existe d'abord, se rencontre, surgit dans le monde, et qu'il se définit après. L'homme n'est d'abord rien. Il ne sera qu'ensuite, et il sera tel qu'il se fait* ».

[2] Le XXe siècle est celui des avant-gardes ; cf. le mouvement Dada et le surréalisme donnent à lire une littérature indépendante des structures collectives, invitant à penser par soi-même. V. BRETON (A.), *Manifestes du surréalisme*, éd. Gallimard, coll. Folio essais, 2013, p. 77 : « *Tout est à faire, tous les moyens doivent être bons à employer pour ruiner les idées de famille, de patrie, de religion* » ; le surréalisme invite à « *une récupération totale de notre force psychique, par un moyen qui n'est autre qu'une descente vertigineuse en nous […] une promenade perpétuelle en pleine zone interdite* », p. 86.

[3] DAGEN (P.) et HAMON (F.), *Époque contemporaine, XIXe – XXIe siècles*, éd. Flammarion, coll. Histoire de l'art, 2011. Au début du XIXe siècle, des mouvements artistiques ont recentré la réflexion sur l'Homme. Les romantiques, dans la droite ligne de *Rêveries du promeneur solitaire* de ROUSSEAU (J.-J.), puis le symbolisme, l'expressionnisme ou encore l'abstraction, ont représenté l'individu dans ses dimensions psychiques et charnelles. Aujourd'hui, il semble que l'on a dépassé jusqu'à la notion de mouvement. L'œuvre ne se conforme pas au style, mais créé le style. L'artiste est désormais entrepreneur au sein d'un marché mondialisé. À lui de surprendre : ingénieur, il doit innover en permanence ; commerçant, il doit adapter sa création à une clientèle ; concurrent, il doit être performant et individualiser sa création pour qu'elle transcende le marché. La condition d'originalité de l'œuvre est un impératif de nouveauté permanente, à l'origine d'un réel individualisme esthétique. Un néolibéralisme artistique, en somme.

[4] Autrefois puissants dans leur mission de fédérer les travailleurs et impulser les conquêtes sociales, les syndicats déclinent face à l'essor de l'auto-entreprenariat.

succès de la doctrine libérale faisant des personnes autant d'*homo œconomicus* partenaires d'échanges. Cette doctrine a été progressivement exaltée par le succès du néolibéralisme, qui consiste à appliquer une logique de marché à tous les domaines de la société. En politique, le modèle néolibéral traduit une nouvelle « *gouvernementalité* »[5] par « *un repli stratégique de l'État* »[6]. De même, en matière judiciaire, le néolibéralisme a vu le jour *via* l'institution d'une justice managériale[7].

La crise du paradigme de l'individu au XXIe siècle. Toutefois, le néolibéralisme n'a pas su tenir sa promesse[8] selon laquelle les individus seraient plus heureux si un moindre État leur permettait d'exercer librement leurs facultés personnelles. Il a replacé l'individu au cœur de l'échiquier social pour lui permettre de gagner une liberté, qui s'est avérée chimérique. L'ubérisation en est un exemple criant : incarnation la plus dramatique de l'échec du mythe de l'autoentrepreneur[9], elle est moins facteur d'émancipation économique que de précarité[10]. Par ailleurs, le schéma social individualiste qui s'est institué a créé de l'isolement : nous

---

[5] FOUCAULT (M.), *Naissance de la biopolitique. Cours au Collège de France, 1978-1979*, éd. Seuil, coll. Hautes Études, 2004, p. 47. L'auteur élabore la notion de gouvernementalité, manière de gouverner les Hommes, pour désigner la nouvelle rationalité politique de l'État qui rompt avec la conception centrale de l'exercice du pouvoir.

[6] GARAPON (A.), *La Raison du moindre État, Le néolibéralisme et la justice*, éd. Odile Jacob, 2010, p. 259. Ce repli concerne la sphère économique, tandis que l'on observe un « *retour invasif de l'action de l'État dans toutes les sphères de la vie sociale* », STIEGLER (B.), *« Il faut s'adapter », sur un nouvel impératif politique*, éd. Gallimard, coll. NRF Essais, 2019, p. 12.

[7] *Ibid.*, p. 45. V. aussi GARAPON (A.), « Un nouveau modèle de justice : efficacité, acteur stratégique, sécurité », *Revue Esprit*, 2008.

[8] STIEGLER (B.), « Le néolibéralisme est à bout de souffle », *Le Nouveau Magazine Littéraire*, n° 15, mars 2019, pp. 18-19.

[9] MARTIN (J.-P.), « Micro-entreprise, une machine à fabriquer des pauvres », *Le Monde Diplomatique*, n° 765, décembre 2017, pp. 17-18.

[10] MOROZOV (E.), « Résister à l'ubérisation du monde », *Le Monde Diplomatique*, n° 736, septembre 2015, p.22.

vivons les uns *à côté* des autres, et non pas *avec* les autres[11]. Et les réseaux sociaux en sont un bien maigre palliatif. De plus, la sacralisation de la liberté de chacun s'est traduite par le délitement des structures traditionnelles de cohésion sociale. Dans le même temps, les États ont échoué à substituer des instances sociales équivalentes à celles qu'ils avaient participé à supprimer[12]. Il en résulte une perte de repères physiques et moraux pour les individus[13].

L'émergence d'un besoin de collectif. L'actualité brûlante de la France atteste du fait qu'un mouvement contraire émerge. Les mouvements sociaux récents traduisent un puissant besoin de groupe, de s'inscrire dans un projet commun, de s'indigner et de construire ensemble. Cette part visible de la société, qui a défilé chaque week-end dans les rues, est profondément symptomatique des changements sociaux qui sont à l'œuvre. Il y a une forte demande sociale de collectif[14], un besoin d'appartenance à un ensemble humain tangible et cohérent, pour dépasser l'individualisme qui isole et ne rend pas heureux. Si cette référence au bonheur dépend en réalité de la subjectivité de chacun, on admet aisément que l'isolement des êtres est *a minima* néfaste pour la cohésion sociale.

---

[11] L'exode rural vers les grandes villes dans les années 50 a participé à l'émergence d'une société anonyme.

[12] Par exemple, l'échec du processus de sortie de la religion est analysé par le philosophe BIDAR (A.), *Comment sortir de la religion ?*, éd. La découverte, coll. Les empêcheurs de tourner en rond, 2012.

[13] À l'image du sentiment d'abandon par Dieu décrit par BECKETT (S.) dans sa pièce *En attendant Godot*, 1953.

[14] KLINENBERG (E.), « Facebook contre les lieux publics », *Le Monde Diplomatique*, n° 781, avril 2019. L'auteur décrit la disparition des petits commerces au profit de plates-formes d'achats instituées par les GAFA, contre laquelle se dresse une volonté sociale de vivre-ensemble : « *Alors que nos interactions sans fin avec des écrans menacent d'éclipser les moments que nous partageons avec d'autres personnes bien réelles, des communautés partout dans le monde dénoncent les limites de la vie en ligne. Et redécouvrent le goût des maisons du peuple où l'on peut encore se retrouver* ».

Les mutations des régulations sociales des illégalismes. Les structures traditionnelles et communautaires de cohésion sociale sont également celles qui réalisent un contrôle informel[15] sur les individus. Du fait de leur affaiblissement, la prise en charge des petits et moyens comportements antisociaux s'est déportée vers l'État et ses institutions répressives. Un surinvestissement législatif en matière pénale s'est donc déployé, entretenu par l'intolérance croissante de la société française à la violence et l'augmentation du sentiment d'insécurité, et ce malgré une diminution permanente des violences[16]. La sécurité est alors instrumentalisée comme argument politique et électoral majeur en faveur d'un droit pénal réactif aux émois sociaux.

L'inflation du nombre de délits et des peines encourues. Le contrôle social est placé entre les mains du gouvernement qui assume la gestion des illégalismes[17] par l'édiction de normes pénales. La répression des actes délinquants, et progressivement seulement déviants[18], au sein d'une « *République pénalisée* »[19], va augmenter considérablement le flux de contentieux relevant de la compétence du tribunal correctionnel. L'inflation du nombre d'affaires délictuelles s'est traduite *de jure* par de nombreuses évolutions juridiques.

---

[15] À l'instar de l'Eglise, de la famille, de l'école, du quartier, *etc.*

[16] Enquête Cadre de vie et sécurité « *victimation 2017 et perceptions de la sécurité* », INHESJ, département ONDRP, 2018, p. 84.

[17] GROS (F.), « Foucault et la 'société punitive' », *Revue Pouvoirs*, n°135, 2010, p. 5 à 14. L'auteur évoque la notion foucaldienne d'illégalisme, qui « *recouvre l'ensemble des pratiques qui soit transgressent délibérément, soit contournent ou même détournent la loi* », plus large que la légalité.

[18] DELMAS-MARTY (M.), *Les grands systèmes de politique criminelle*, éd. PUF, 1992. L'auteur analyse la mutation du système français du modèle « *État-société libéral* » concédant à la société civile la régulation des déviances, vers le modèle « *État totalitaire* » où la prise en charge étatique recoupe les champs de la délinquance (répression) et de la déviance (prévention).

[19] SALAS (D.) et GARAPON (A.), *La République pénalisée: Débat avec Olivier Mongin*. éd. Hachette, 1996.

Il s'agit de la multiplication des infractions obstacles[20] en réponse à l'essor du paradigme du risque[21], l'aggravation de la répression de certains comportements jugés particulièrement attentatoires aux valeurs sociales françaises[22], la correctionnalisation de certaines contraventions[23], ainsi que l'extension du champ matériel de certaines incriminations[24] et l'allongement des délais de prescription[25]. Ce surinvestissement législatif a eu pour conséquence d'aggraver le phénomène d'engorgement des juridictions correctionnelles. À ce surarmement s'ajoutent la libération de la parole des victimes, faisant augmenter le taux de report des infractions et l'augmentation du nombre de fonctionnaires de

---

[20] Le nouveau Code pénal de 1994 incrimine le risque causé à autrui, à l'instar des infractions routières, de la mise en danger, les accidents du travail, l'association de malfaiteurs, puis récemment les rodéos motorisés.
[21] BECK (U.), *La société du risque: Sur la voie d'une autre modernité*, éd. Aubier, 1986 ; V. aussi CASTEL (R.), *La montée des incertitudes*, éd. Le Seuil, 2009, p. 424, où l'auteur développe la notion d'« *individu par excès* » pour qualifier les membres d'une société de plus en plus individualiste, qui se détachent des appartenances et des valeurs collectives par leurs prises de risques.
[22] Par exemple, une quinzaine lois sont venues modifier la répression des infractions sexuelles : le nouveau Code pénal de 1994 ajoute l'incrimination de harcèlement sexuel, art. 222-33 CP, la loi n° 98-468 du 17 juin 1998 incrimine l'exploitation d'images pédopornographiques, art. 227-23 CP. Il en va de même en matière de terrorisme, tel que son financement, art. 421-2-2 CP par une loi n° 2001-1062 du 15 novembre 2001.
[23] La loi n° 2004-204 du 9 mars 2004 correctionnalise les contraventions de conduite sans permis et de défaut d'assurance ; certaines contraventions de la 5e classe deviennent des délits lorsqu'elles sont commises en récidive, telles que les blessures involontaires sans ITT, les grands excès de vitesse.
[24] Par exemple, la jurisprudence de la Chambre criminelle a pu élargir l'interprétation de la notion de violence, dépourvue de définition légale, en y incluant les actes ayant provoqué chez la victime une sérieuse émotion, un choc émotif, CRIM., 2 sept. 2005, 04-87046, Bull. crim. 2005 n° 212, ou encore CRIM., 18 mars 2008, 07-86075, Bull. crim. 2008, n° 65. Cette extension fut entérinée dans la loi par la loi n° 2010-769 du 9 juillet 2010 à l'art. 222-14-3 CP.
[25] V. par exemple la loi n° 2018-703 du 03 août 2018 renforçant la lutte contre les violences sexuelles et sexistes.

police judiciaire qui en facilite la détection. Ainsi, des mécanismes de forme furent institués afin de compenser le fond. Cette compensation, sinon effective, du moins tentée, a davantage été pensée en termes d'organisation judiciaire, pour la survie de l'institution, et d'économies budgétaires, qu'en termes de cohérence entre le droit substantiel et la procédure. L'instauration du juge unique au tribunal correctionnel a été l'un de ces mécanismes procéduraux de compensation.

Le juge unique et le besoin de collectif. Le même besoin de collectif que l'on observe dans la société civile émerge au sein du monde judiciaire. Ce besoin sera le fil rouge de la présente étude autour de la figure d'un juge particulièrement isolé : le juge unique. Cette notion renvoie à toutes les fois où une formation de jugement[26] n'est constituée que d'un seul juge. Le juge est un organe doté d'un pouvoir juridictionnel : la « *jurisdictio* » (dire le droit) et l'« *imperium* » (trancher)[27]. Il est un magistrat du siège, par opposition aux magistrats du parquet.

Une dualité de modèles : collégialité et unicité. L'unicité s'oppose à la notion de collégialité, système d'organisation judiciaire dans lequel les décisions de justice sont prises après délibération en commun par plusieurs magistrats[28]. Il n'est pas déterminé de nombre idéal de magistrats, si ce n'est que ce nombre doit être impair. Le trio de juges a toutefois été promu pour le jugement des délits. Néanmoins, il existe une véritable controverse idéologique entre les partisans de l'unicité et ceux de la collégialité. Les partisans de la collégialité vont arguer, d'une part, du confort et de la sécurité en termes d'anonymat qu'elle apporterait au

---

[26] CORNU (G.), *Vocabulaire juridique*, éd. PUF, coll. Quadrige, 2015, p. 475 : une unité de jugement constituée au sein d'une juridiction pour siéger dans la composition qui la caractérise.
[27] *Ibid.*, p. 582.
[28] *Ibid.*, p. 193.

juge[29], ainsi que l'impartialité et l'indépendance qu'elle permettrait[30]. D'autre part, elle serait favorable au justiciable en ce que la confrontation des opinions améliorerait la qualité de la décision rendue[31]. Le dialogue des juges augmenterait donc leur réflexion[32]. Enfin, cette formation offrirait davantage de solennité et remplirait le rôle dissuasif de l'audience, et permettrait de former les jeunes magistrats[33]. Partant, le juge unique, inique par nature[34], serait à exclure pour sauvegarder les intérêts en présence. Les partisans de l'unicité vont réfuter ces arguments en arguant notamment de l'inutilité de la collégialité, qui ne serait que façade lorsqu'il suffit de « *gagner le chef* » pour « *gagner ceux qui suivent* »[35]. Tandis que l'unicité offrirait célérité, spécialisation et proximité avec le justiciable.

La succession de modèles mixtes au cours de l'Histoire. L'histoire des organisations judiciaires démontre la permanence d'un modèle mixte unicité / collégialité. L'Antiquité grecque fonctionne toutefois sur un système

---

[29] LACOIN (M.), « Le juge unique », *Bulletin de la société générale des prisons*, 1905, p. 873.

[30] GORPHE (F.), *Les décisions de justice. Étude psychologique et judiciaire*, éd. PUF, 1952, p. 39 : « *compensation entre les tendances personnelles des juges, en corrigeant ce qu'il peut y avoir d'excessif chez certains* ».

[31] CADIET (L.), « Le juge unique en question », *Les juges uniques : dispersion ou réorganisation du contentieux*, colloque de l'IEJ de Toulon, 1995, p. 18 : « *le principe de collégialité est le prolongement nature de la technique du contradictoire* ».

[32] BAUDOIN (J.-M.), « La collégialité est-elle une garantie de la sûreté des jugements ? », *RTD civ.* 1992, p. 532-238. La qualité de la motivation est meilleure en formation collégiale.

[33] GARCON (M.), *Lettre ouverte à la justice*, éd. Albin Michel, 1966, p. 71-73 : « *le mélange des plus anciens siégeant avec les plus jeunes* ».

[34] Selon l'adage « *juge unique, juge inique* », BOYER (L.) et ROLAND (H.), *Adages du droit français*, éd. Litec, 1999, p. 366.

[35] BENTHAM (J.), « Du nombre de juges dans chaque tribunal », *in*DUMONT (E.), *De l'organisation judiciaire et de la codification*, 1828, p. 51.

essentiellement collégial, au sein de l'Aréopage[36], du Tribunal des Ephètes et des juridictions populaires de l'Héliée. De même, le jugement divin est partagé en un Panthéon de dieux et déesses grecques. Une forme d'unicité s'incarne toutefois par le jugement intérieur promu dans la philosophie[37] et la mythologie grecques[38]. À l'époque romaine, l'unicité domine sous la Royauté, l'Empire et le Bas-Empire[39], entre les mains des juges professionnels institués par Auguste en lieu et place des jurys populaires. Sous la République, la collégialité prévaut au sein des *questiones perpetuae*, composés d'une cinquantaine de membres. Par la suite, les migrations germaniques importèrent le modèle collégial du *mallus* pour le jugement des affaires criminelles. L'unicité demeure toutefois en la personne du roi franc qui reste compétent pour juger les affaires les plus graves. Elle persiste à l'époque féodale entre les mains de l'évêque au sein des juridictions ecclésiastiques compétentes pour connaître des affaires concernant les intérêts du Clergé ou impliquant les ecclésiastiques. Il en va de même au sein des juridictions seigneuriales où le seigneur statue seul pour juger ses vassaux. À l'époque monarchique, l'unicité est conservée pour partie entre les mains du roi qui exerce une justice retenue sur les affaires sensibles au sein des

---

[36] En guise d'illustration, l'épisode du jugement de Phryné dépeint par GEROME (J.-L.) en 1861 représente cette scène célèbre où la jeune courtisane fut acquittée par les juges après que son défenseur ait exhibé son corps à leurs yeux. C'est le jugement esthétique platonicien selon lequel la beauté du corps reflète la beauté de l'âme.

[37] La devise « *Connais-toi toi-même* », inscrite sur le frontispice du Temple de Delphes, fonde la maïeutique socratique : une dialectique intérieure comme outil de connaissance de soi.

[38] L'épisode mythologique du jugement intérieur de Pâris, jeune homme devant choisir à qui il donnera la pomme de la discorde, entre Athéna, Héra et Aphrodite, illustre le choix moral auquel une personne est confrontée pendant sa vie.

[39] CARBASSE (J.-M.), *Histoire du droit pénal et de la justice criminelle*, éd. PUF, 2014, p.32.

chambres de justice[40]. En parallèle, les baillis et sénéchaux, autorités déconcentrées du roi et exerçant un pouvoir délégué par lui, jugent également seuls. L'instruction des affaires est confiée à un juge unique[41]. Le monopole royal en matière de justice découle de la monarchie dite *de droit divin*, dans laquelle le roi s'identifie à Dieu. En effet, dans la tradition judéo-chrétienne, le Christ est le juge unique par excellence[42]. C'est à l'époque révolutionnaire qu'est marquée une rupture avec le modèle unique et que l'on consacre le principe de collégialité, en raison des dérives des époques précédentes et afin d'éviter tout arbitraire. La délibération entre plusieurs magistrats apparait comme outil de justesse de la décision. Émerge alors le débat entre l'unicité et la collégialité, deux modèles porteurs d'une vision propre de la justice. On questionne les garanties apportées par ces deux organisations[43]. Sont créés les tribunaux de police municipale[44], de police correctionnelle[45] et

---

[40] LEBIGRE (A.), *La justice du roi: la vie judiciaire dans l'ancienne France*, éd. Complexe, 1995, p. 103.

[41] HELIE (F.), *Traité de l'instruction criminelle*, Tome I, éd. Plon, 1866, p. 21. Les pouvoirs du lieutenant criminel sont renforcés par l'ordonnance de Villers-Cotterêts de 1539, qui ajoute celui d'instruire les affaires et d'établir les procès-verbaux d'interrogatoire sur lesquels les juges devront se fonder. La grande ordonnance criminelle de Louis XIV, rendue en 1670, augmentera à nouveau ces pouvoirs.

[42] De nombreuses créations artistiques, du Moyen-âge jusqu'à l'époque moderne, illustrent la scène du jugement dernier : le Christ dans sa mandorle, en souverain justicier, sculpté sur le tympan des églises romanes et gothiques, ou peint dans les fresques de la Renaissance italienne et les triptyques de la Renaissance flamande. V. Jérôme BOSH, *Le jugement dernier*, peint en 1482, ou encore MICHEL-ANGE, *Le jugement dernier*, peint sur le mur de fond de la chapelle Sixtine en 1541.

[43] Certains auteurs défendent la collégialité par le prisme des garanties qu'elle offre. V. MONTESQUIEU, *De l'esprit des lois*, éd. Classiques Garnier, 1871, ch. XI, 6. et BECCARIA (C.), *Traité des délits et des peines*, ch. XIV, éd. Flammarion, 2006.

[44] Composés de trois juges, loi des 16 et 24 août 1790, T XI, art. 6. ; Loi des 19 et 22 juillet 1791, T I, art. 42.

[45] Composés de trois juges, dont un juge de paix et deux assesseurs, loi des 19 et 22 juillet 1791, T II, art. 46, 61.

les tribunaux criminels[46], tous composés de plusieurs juges. S'instaure ainsi un modèle mixte : l'unicité pour l'instruction préalable et la collégialité pour le jugement des affaires pénales.

Des modèles mixtes dans les systèmes étrangers. Le système anglo-saxon est celui qui accueille le plus de juges uniques[47], pour le jugement des délits devant la *Magistrate's Court*, ou celui des crimes devant la *Crown Court*, lorsque l'accusé reconnait les faits. On recourt à la collégialité lorsque les faits sont contestés. Un magistrat professionnel statue seul, tandis que des jurés non professionnels statuent en collège. La mixité existe également dans les systèmes germanique et italien, où les infractions de faible gravité sont dévolues à un juge unique, tandis que les plus graves sont du ressort de collèges[48].

L'introduction du juge unique dans le système judiciaire français. Le développement du champ de compétences des juridictions uniques dépend des besoins de l'institution judiciaire. En effet, cette formation de jugement est simple, peu coûteuse et incarne une justice proche du justiciable. L'instauration du juge unique se fait d'abord en matière civile[49], pour pallier la lenteur de la justice. Le juge de paix ainsi créé joue cependant un rôle d'arbitre[50]. Par la suite, on instaure un juge unique pour connaître des procédures

---

[46] Composés d'un président et de trois juges des tribunaux de district (juridictions d'appel), loi des 16 et 29 septembre 1791, IIe partie, TI à IV, art. 10 et 11.

[47] DELMAS-MARTY (M.), *Procédures pénales d'Europe*, éd. PUF, 1995, p. 135.

[48] *Ibid.*, p. 80 et 295. Le *pretore* en Italie juge les délits de faible gravité à juge unique.

[49] NORMAND (J.), « Le juge unique en droit privé », *Les juges uniques*, Travaux du IXe colloque des IEJ, Nice, 1974, p. 1.

[50] La loi des 16 et 24 août 1790 avait institué un juge de paix, mais accompagné de deux assesseurs. La loi du 27 ventôse an IX lui permet désormais de statuer seul.

d'urgence[51] puis de certains contentieux spécifiques[52]. Ces concessions par touches, dans un premier temps « *discrètes* »[53], prennent progressivement une large place dans le procès civil, avec une introduction dans les tribunaux de grande instance et en matière d'appel[54]. Les contentieux commerciaux[55] et administratifs[56] connaissent un essor similaire du juge unique. Dans toutes ces matières, c'est l'impératif d'accélération du procès qui alimente le continuel développement de cette juridiction. Le même enjeu préside à l'essor du juge unique en matière pénale, en rupture avec la collégialité introduite par la Révolution, en raison de l'augmentation significative du nombre d'affaires à traiter.

L'introduction du juge unique en matière pénale. L'institution du juge unique au tribunal correctionnel a été difficilement acceptée pour deux raisons. D'une part, car il intervient au stade du jugement où la délibération par un collège est de principe. Le juge unique est alors perçu comme une régression, au détriment de la formation collégiale. Les

[51] En 1806, le législateur confie au président du tribunal civil le traitement des référés, dont la procédure est prévue aux articles 806 et 811 du Code de procédure civile.

[52] La loi du 30 juin 1926 instaure le juge des loyers ; l'ordonnance n° 18-1273 du 22 décembre 1958 instaure le juge de l'expropriation ; la loi n° 64-1230 du 14 décembre 1964 instaure le juge des tutelles.

[53] Pour reprendre le terme de NORMAND (J.), « Le juge unique en droit privé », *op. cit.*, p. 3.

[54] Décret n°72-788 du 28 août 1972 attribue au premier président de la Cour d'appel le contentieux des référés en seconde instance.

[55] La loi du 11 mars 1924 confie au président du Tribunal de commerce le contentieux des référés. Par ailleurs, le développement du juge unique a particulièrement touché le domaine des procédures collectives, par l'instauration du juge commissaire en 1985.

[56] Le développement de l'unicité en matière administrative fut plus lent et timide, en raison de la réticence à l'égard de la pratique antérieure du ministre-juge, lequel pouvait connaitre tout contentieux intéressant son département. Aussi, la dépendance à l'exécutif nourrit cette frilosité des juristes à l'égard de l'unicité en matière administrative. L'unicité apparait d'abord en matière de référé, avant de se généraliser à la première instance.

juges uniques institués à d'autres stades de la procédure sont mieux acceptés. En amont du jugement, on trouve le juge d'instruction[57] et le juge des libertés et de la détention (JLD). En aval, on trouve le juge de l'application des peines (JAP). On trouve toutefois des juges uniques au sein des juridictions pour mineurs : le juge des enfants statue seul, ou accompagné par deux assesseurs non professionnel au sein du tribunal pour enfants, à l'égard des mineurs dont il assure par ailleurs le suivi éducatif. D'autre part, car il s'agit de modifier une juridiction déjà existante, alors que les juges uniques institués *ex nihilo* sont accueillis sans difficulté. Le fait d'instituer un nouveau juge est alors perçu comme un progrès, à l'instar du JLD. Le juge unique correctionnel se développe pourtant en matière répressive en raison des avantages qui lui sont attachés. Outre ses qualités en termes de productivité, en ce qu'il permet de multiplier les audiences par trois, le juge unique se voit assigner une mission d'humanisation de la justice par une plus grande proximité avec le justiciable. De plus, son développement est jugé conforme au procès équitable[58] tout en permettant une bonne administration de la justice, en garantissant aux personnes leur droit à l'accès au juge et à un jugement dans un délai raisonnable. De plus en plus généraliste, le juge unique devient le pivot fédérateur d'un contentieux morcelé, confié à des juridictions toujours plus spécialisées[59]. Il constitue la formation d'exception du tribunal correctionnel, compétent pour le jugement de délits de faible gravité. Il ne statue que sur les affaires qui lui sont

---

[57] La solitude du juge d'instruction fait également l'objet de critiques, d'où une faculté de cosaisine instaurée pour les dossiers complexes. Loi n° 2007-291 du 5 mars 2007, art. 83-1 et 83-2 CPP.

[58] NORMAND (J.), « Le droit à un tribunal impartial devant les juridictions de l'ordre judiciaire et la composition des juridictions », *RTD civ.*, 1993, p. 874.

[59] CADIET (L.), « Le juge unique en question », *op. cit.*, préc., p. 5.

spécialement dévolues par un texte[60]. Étant l'élément capable, à moindre coût, d'unifier un contentieux fragmenté et de répondre aux maux qui rongeaient l'institution judiciaire, le juge unique correctionnel est progressivement parvenu à affirmer sa légitimité.

Le juge unique correctionnel : un juge en peine. Tous les espoirs que l'institution judiciaire a placé en lui ont entaché son office d'une grande fastidiosité et d'une extrême lourdeur. Le juge unique a eu à connaître d'un nombre toujours plus important d'infractions, tout en ayant des moyens restreints pour remplir correctement sa tâche. L'ensemble des difficultés qu'il rencontre est source d'une profonde solitude, renforcée par une situation physique d'isolement : « *Exilé sur le sol au milieu des huées / Ses ailes de géant l'empêchent de marcher* »[61]. Dans de telles conditions, le juge unique correctionnel ne peut être qu'à l'image du Poète évoqué par Baudelaire : désespéré.

La notion de juge unique en question. Un nombre croissant de réflexions émerge autour de la question du travail en équipe des magistrats. Face aux difficultés rencontrées par le juge unique, n'est-il pas temps de réfléchir aux moyens de l'en faire bénéficier ? N'est-il pas temps de repenser la notion, si liée à celle de l'isolement qu'elle procure ? N'est-il pas temps de modifier le regard porté sur les notions d'indépendance et d'impartialité pour permettre au juge unique de travailler en réseau ? En d'autres termes : la notion de juge unique, dans son actuelle acception, a-t-elle encore un sens ? Derrière cette question se trouve celle de la qualité de

---

[60] Cons. Const., décision « *Juge unique* » n° 75-56 DC du 23 juil. 1975. Le Conseil autorise une dérogation au principe de collégialité à condition de respecter le principe d'égalité devant la loi. Le choix discrétionnaire du président du TGI quant à la répartition des affaires entre collégialité et juge unique méconnait ce principe. La loi n° 95-125 du 8 février 1995 pose une compétence de principe du juge unique pour une liste de délits contenus à l'art. 398-1 du C. proc. pén.

[61] BAUDELAIRE (C.), L'albatros, *in Les Fleurs du Mal*, éd. Le livre de Poche, coll. Classiques, 1972.

la justice, du bien-être des hommes et des femmes qui la rendent, et de la satisfaction du justiciable pour et au nom de qui elle est rendue. À cette question il sera répondu en deux temps. Non, la notion de juge unique n'a plus de sens, lorsqu'isolé, ce magistrat peine à remplir son rôle de juge et menace d'être évincé par des modes de poursuites plus performants (Partie 1). Non, la notion de juge unique n'a plus de sens, sauf à être réformée. Dès lors, il importe d'identifier et de mobiliser les palliatifs à la solitude qui fragilise ce juge, pour viabiliser et revaloriser son travail, et, par là même, améliorer la qualité de la décision offerte au justiciable (Partie 2).

1re PARTIE
UN JUGE UNIQUE DÉSTABILISÉ

Le juge unique incarne, à l'échelle judiciaire, ce sentiment ambiant de solitude, en tant qu'« *absence douloureuse de lien* »[62], auquel la société française contemporaine est confrontée. En effet, « *on assiste à une formidable accélération du processus des solitudes* »[63]. La solitude renvoie au vécu subjectif d'un individu et se distingue ainsi de l'isolement, situation objective de déconnexion vis-à-vis d'un contexte social donné. Si isolement et solitude ne sont pas nécessairement corrélés[64], l'état d'isolement facilite le développement, chez le sujet, d'un sentiment de solitude. En matière judiciaire, l'unicité s'entend d'un isolement physique naturel. Et tandis que cet isolement physique du juge ne cesse de s'amplifier, son isolement intellectuel progresse d'autant. Le développement d'autres modes de poursuites menace à terme de remplacer le juge unique (Chapitre 1) et, dans le même temps, celui-ci souffre d'un manque d'information qui l'isole de la scène judiciaire (Chapitre 2). Seront ainsi abordées les dimensions physiques et intellectuelles de l'isolement du juge unique, à l'origine d'un sentiment de solitude plus prégnant et source de souffrance.

---

62 KAUFMANN (J.-C.), « Les cadres sociaux du sentiment de solitude », *Sciences sociales et santé.* Vol. 13, n°1, 1995. pp. 123-136.

63 DOUCET (M.-C.), *Solitude et sociétés contemporaines : une sociologie clinique de l'individu et du rapport à l'autre*, éd. PUQ, coll. Problèmes sociaux et interventions sociales, 2007, p. 5.

64 KAUFMANN (J.-C.), art. préc.

Chapitre 1.
Un juge unique concurrencé

« *L'enfer, c'est les autres.* »[65]

L'étude de l'évolution des schémas procéduraux en matière pénale permet de mesurer en quoi le juge unique, en tant que formation du tribunal correctionnel, risque d'être écarté au profit d'autres modes de poursuites plus performants (Section 1). En outre, on le voit réapparaître par touche comme support des nouveaux modes de poursuites, où un avenir radieux lui est alors promis (Section 2).

Section 1. Un juge unique écarté du procès pénal accéléré

Face à l'engorgement des juridictions, le législateur a institué des modalités procédurales en capacité d'absorber le flux entrant d'affaires. Le développement de l'unicité au tribunal correctionnel en fut un premier moyen (§1). Mais de nouveaux modes de traitement des délits concurrencent le juge unique en termes de performance. Le législateur semble désormais restreindre son champ d'action et accorder aux parquets les moyens de le contourner (§2). Son éviction est alors inévitable, en faveur d'une accélération du procès pénal.

---

65 SARTRE (J.-P.), *Huis-Clos*, éd. Gallimard, coll. Folio Poche, 2000.

§ 1. Le juge unique, premier standard du procès accéléré

Le développement de la formation unique du tribunal correctionnel s'analyse *via* une logique binaire, en opposition avec la formation collégiale (A.). Désormais, sa place s'examine au sein d'un système procédural protéiforme, en raison de l'essor des alternatives et modes simplifiés de poursuites dans le traitement des affaires délictuelles (B.).

A. Une logique binaire traditionnelle opposant unicité et collégialité

L'instauration du juge unique au tribunal correctionnel. L'unicité est une première réponse à l'engorgement des juridictions correctionnelles. Sa mise en œuvre est rendue juridiquement possible en ce que le principe de collégialité n'a pas valeur constitutionnelle, ni conventionnelle[66]. Formation naturelle du tribunal de police, elle est instituée au tribunal correctionnel par la loi du 23 décembre 1972[67]. Sa compétence d'exception, prévue à l'article 398, al. 3 du C. proc. pén., est alors restreinte à un contentieux particulier et de faible gravité[68], nonobstant les cas d'exclusion de sa compétence[69]. Ce même article énonce que

[66] DESPORTES (F.) et LAZERGES-COUSQUER (L.), *Traité de procédure pénale*, éd. Economica, coll. Corpus droit privé, 2009. La collégialité constitue toutefois un « *principe général d'organisation de nos juridictions* ».

[67] Loi n° 72-1226 du 30 décembre 1972.

[68] L'art. 398-1 C. proc. pén. alors créé, subdivisé en seulement quatre alinéas, prévoyait la compétence du juge unique en matière de délit de chèque, certains délits routiers, ainsi qu'en matière de chasse et de pêche.

[69] L'art. 398-1 C. proc. pén., dernier al., vient exclure la compétence du juge unique si le prévenu comparait dans le cadre de la procédure de flagrant délit, ou s'il est placé en détention provisoire. Cette exclusion est toujours en vigueur à ce jour. En outre, la loi n° 99-515 du 23 juin 1999 a ajouté un troisième al. à l'art. 398-2 C. proc. pén. prévoyant une faculté de renvoi du juge unique vers la formation collégiale en cas de complexité de l'affaire.

le magistrat tenant l'audience exerce tous les pouvoirs dévolus au président, à savoir assurer la police de l'audience et la direction des débats[70]. Cette formation allégée permet de résorber l'encombrement du rôle du tribunal correctionnel, en apportant célérité à la procédure[71]. En outre, le juge unique offre une spécialisation de la réponse pénale apportée aux délits relevant de sa compétence. Il incarne une justice de proximité, personnalisée et « *déformalisée* »[72]. Fort de ces atouts lui garantissant efficience et légitimité, le juge unique a connu un élargissement progressif de son champ infractionnel.

L'extension des compétences du juge unique correctionnel. À peine le juge unique institué, la doctrine n'a cessé de prophétiser son extension[73] au détriment de la formation collégiale[74]. En effet, l'efficience de l'unicité au regard de l'objectif poursuivi – traiter plus d'affaires en un moindre temps, mobiliser moins de magistrats – fut rapidement établie. Dès lors, le législateur, constatant la permanence de l'engorgement des juridictions, poursuit l'extension du champ de compétences de la juridiction unique

---

[70] Au sens de l'article 401 C. proc. pén. : « *Le président a la police de l'audience et la direction des débats* ».

[71] CADIET (L.), « Le juge unique en question », *op. cit.*, préc., p. 12 : « *Il existe comme un lien naturel entre le recours au juge unique et la volonté d'accélérer le cours de la justice : l'abandon de la collégialité libère un temps précieux qui peut être consacré à d'autres activités par les juges ainsi rendus disponibles [...] la méthode compense l'absence de création d'emplois pour faire face à l'extraordinaire augmentation du contentieux* ».

[72] *Ibid.*, p. 15 : « *Cette justice est une justice de proximité, plus personnalisée, reposant sur un dialogue entre le juge et le justiciable [...]. Le juge unique sied mieux à ces situations que la formation collégiale* ».

[73] PERROT (R.), « Le juge unique en droit français », *RIDC*, n°4, 1977, pp. 659-674, « *Il serait bien téméraire de prophétiser ce que sera la justice de demain. Mais il y a tout lieu de penser que le juge unique, après avoir pris pied dans la place, poursuivra encore sa marche en avant* ».

[74] MENABE (J.-P.), « Premières réflexions sur les dispositions de la loi n° 95-125 du 8 février 1995 relative à l'organisation judiciaire », *Dalloz*, 1995, où cet auteur prophétisait « *un déclin définitif de la collégialité* ».

« *par poussées successives* »[75]. Aujourd'hui, le juge unique traite environ un quart du contentieux délictuel faisant l'objet de poursuites, soit une part majeure de celui-ci[76].

Une représentation binaire du procès correctionnel. S'instaure ainsi une représentation binaire du procès correctionnel, opposant l'unicité à la collégialité au regard du degré de gravité de l'infraction commise[77]. Dans ce procès correctionnel dichotomique, la formation collégiale conserve une compétence de principe, tandis que le juge unique est

---

[75] Pour reprendre l'expression de DESPORTES (F.) et LAZERGES-COUSQUER (L.), *op. cit.*, préc. En effet, l'article 398-1 C. proc. pén. a fait l'objet de vingt-deux modifications, en faveur d'une extension considérable du nombre des délits visés. Les évolutions les plus notables ont été apportées par la loi n° 95-125 du 8 février 1995, qui instaure une saisine automatique du juge unique en présence d'un délit cité à l'art. 398-1 C. proc. pén., puis par la loi n° 2004-204 du 9 mars 2004 qui étend la compétence du juge unique aux audiences correctionnelles statuant sur intérêts civils, et aux audiences d'appel des contraventions.

[76] L'exemple de la proportion d'audiences à juge unique dans une importante juridiction du grand-ouest est parlant à cet égard. Durant l'année 2018, elles représentent 30% des audiences du tribunal correctionnel (hors CRPC), et 57% des jugements rendus. Le juge unique traite donc, toutes choses égales par ailleurs, 11 dossiers par audience, tandis que la formation collégiale en traite 3,5. D'autre part, par rapport à l'ensemble des modes de poursuites des délits, le juge unique arrive en deuxième position avec 25,6%, après l'ordonnance pénale délictuelle (26,5%). Arrive ensuite la composition pénale (21,8%), puis la formation collégiale du tribunal correctionnel (19,4%) et enfin la CRPC (6,4%).

[77] DANET (J.), « L'office du juge pénal en matière délictuelle », séminaire « Être juge aujourd'hui », *IHEJ*, 3 décembre 2012, *in* GARAPON (A.), PERDRIOLLE (S.), BERNABÉ (B.), « La prudence et l'autorité, l'office du juge au XXIe siècle », 2013, p. 193 : « *le partage se fait non pas entre type d'infractions mais entre les infractions graves qui relèvent de la collégiale d'une part, et celles de gravité moyenne et de nature très diverses confiées au juge unique d'autre part* ». GUNEHEC (F.) voit, quant à lui, l'émergence d'une catégorie hybride d'infractions, entre le champ contraventionnel et le champ délictuel, consacrant une classification quadripartite des infractions entre « *petits délits* » et « *grands délits* ».

l'exception[78]. Sont dévolues à celui-ci des infractions objectivables, formelles et peu contestables, appelant une réponse standardisée. Outre ce plan matériel, juge unique et formation collégiale se distinguent, sur un plan formel, parle rituel respectivement mobilisé. En effet, le juge unique délibère davantage sur le siège et sa réflexion n'est pas soumise au regard de ses collègues juges. Aussi, la conception binaire du procès délictuel creuse l'écart existant entre les deux formations de jugement et mobilise une myriade de critiques dans un jeu de comparaison permanent.

Le désamour du juge unique correctionnel. Les termes du débat opposant les détracteurs et partisans de ces deux formations de jugement, portent, en substance, sur la capacité du juge unique à rendre une décision de qualité en l'absence de délibéré à plusieurs[79], condition du procès équitable[80]. Perçu comme étant partial, illégitime, inféodé aux pressions internes et externes qui entourent le *sentencing* (processus cognitifs, moraux ou affectifs individuels ; influences nées de la qualité de la prestation de l'avocat ou du comportement du prévenu[81]), le juge unique est taxé de tous les maux. *A contrario*,

---

[78] L'art. 398, al. 1er C. proc. pén. énonce le principe selon lequel « *le tribunal correctionnel est composé d'un président et de deux assesseurs* », tandis que l'al. 3 débute par l'adverbe d'opposition « *toutefois* » pour introduire le juge unique.

[79] MENABE (J.-P.), art. préc., « *Le délibéré en collégialité permet à des sensibilités différentes de s'exprimer et la sentence prononcée est souvent le fruit d'un équilibre subtil* »,tandis qu' « *un juge solitaire, qui n'aura pas confronté son opinion à celle de ses collègues [...] peut être amené à rendre des décisions plus extrêmes* ».

[80] SALAS (D.), *Du procès pénal*, éd. PUF, coll. Quadrige Essais Débats, 1992, p. 115.

[81] FAGET (J.), « La fabrique de la décision pénale. Une dialectique des asservissements et des émancipations », *Revue Champ pénal, Varia*, vol. 5, 2008. L'auteur évoque les facteurs déterminants du processus décisionnel des magistrats. Il évoque l'intervention de données internes et externes tels que « *leur éducation, leur religion, leur âge, leur expérience, leurs affiliations politiques, leur comportement social, leur rang dans la magistrature, la lecture de journaux professionnels, les traditions locales* ». Autant de facteurs qui seraient exacerbés chez le juge unique, selon ses détracteurs.

la formation collégiale incarnerait l'indépendance et l'impartialité permises par le schéma de pensée ouvert et réflexif[82] du délibéré, seul à même de garantir la qualité de la décision rendue. Ce débat, pourtant ancien[83], ressuscite à chaque réforme prévoyant d'étendre le champ de compétences du juge unique[84]. Celui-ci est perçu comme la clé de voûte de réformes gouvernementales animées par le seul souci d'économies budgétaires. Outre l'opposition politique et syndicale, ce schéma critique recouvre la quasi-totalité des postures doctrinales[85] et persiste dans les esprits, quand bien même la réalité du *process* correctionnel ne lui correspond plus.

---

[82] A l'instar du « *penser, c'est dire non* » du philosophe ALAIN, « L'homme devant l'apparence », *Propos sur les pouvoirs*, éd. Gallimard, coll. Folio essais, 1985.

[83] MESTRE (J.-F.), *Le juge unique en matière pénale, contribution à la réforme judiciaire*, éd. A. Pedone, 1935. L'auteur évoquait déjà « *la vieille querelle des partisans de la collégialité et de ses adversaires résolus* », avant d'en étudier les termes.

[84] De tels arguments ont pu ressortir devant la commission parlementaire ouverte à l'occasion des débats autour du projet de loi de programmation 2018-2022 et de réforme pour la justice, proposant d'étendre le champ infractionnel du juge unique. La députée socialiste UNTERMAIER (C.) demandait compte à BELLOUBET (N.) sur « *ce qu'il reste de collégial dans un tribunal* », tandis que le député insoumis BERNALISIS (H.) soutenait que « *la formation collégiale offre plus de garanties que le juge unique, car collectivement on réfléchit mieux* ». Enfin, le député communiste PEU (S.) énonçait, à l'occasion de l'adoption du texte en séance publique, le 17 janvier 2019, que « *le recours généralisé au juge unique est une tendance que nous combattons, car la collégialité est selon nous un impératif pour la justice républicaine. Elle participe assurément à la qualité de la justice et contribue à son impartialité. La délibération collective favorise la réflexion et constitue une protection contre les erreurs ou errements individuels. […] Il est à craindre que ce qu'amorce le présent article traduise une tendance générale, chaque réforme semblant apporter une petite pierre à l'édifice au nom de la simplification des procédures* ».

[85] V. par exemple BEAUVAIS (P.), « Projet de loi de réforme de la justice : derrière la simplification pénale, un recul du juge ? », *Dalloz actualité*, 20 novembre 2018, l'auteur énonce, à propos de l'extension annoncée des compétences du juge unique, que « *cette tendance au recul de la collégialité, qui est une condition d'indépendance, d'impartialité et de la qualité de la justice, est évidemment une régression* ».

B. Une logique binaire inadaptée à la réalité du procès correctionnel

La mise en place d'un schéma procédural protéiforme. L'essor des modes simplifiés et des alternatives dans le traitement des délits est une autre réponse pour éviter l'embolie judiciaire qu'a frisée l'institution. Le schéma procédural de traitement des délits est désormais protéiforme. De deux choses l'une : d'une part, la diversification des infractions relevant de la compétence du juge unique le rapproche de la formation collégiale et, d'autre part, l'extension du champ des procédures simplifiées et des alternatives creuse l'écart entre elles et l'audience correctionnelle classique.

Le rapprochement des deux formations du tribunal correctionnel. L'extension du champ infractionnel du juge unique a *de facto* provoqué sa diversification. En effet, si le contentieux initial du juge unique correctionnel englobait le domaine routier et autres contraventions correctionnalisées, il comprend désormais un champ on ne peut plus éclectique d'infractions. Le législateur a fonctionné par ajout de renvois successifs au sein de l'article 398-1 du C. proc. pén. De plus en plus longue, la liste est devenue illisible, dense et peu cohérente ; sur ce point, la loi de réforme et de programmation 2018-2022 pour la justice a le mérite de l'avoir restructurée et clarifiée[86], *a minima* en la forme. Pour ce qui est du fond, l'article 398-1 demeure un imbroglio d'alinéas, où se succèdent des domaines aussi hétéroclites que la propriété intellectuelle, le droit de la construction, les atteintes à la vie privée, les atteintes aux biens ou encore les sévices graves ou actes de cruauté envers les animaux. Aussi, on peut se demander si le juge unique est encore doté d'une compétence

---

[86] A l'ancienne rédaction de l'art. 398-1 C. proc. pén. al. 3, qui énumérait pas moins de quarante et un renvois à la suite, succède une rédaction plus aérée, sous forme de tirets.

d'exception, lorsque de spécialisé il devient généraliste et que de dérogatoire sa compétence devient de droit commun. En tout état de cause, la spécificité procédurale que constituait naguère le juge unique ne semble résister que dans la lettre de l'article 398, al. 3 du C. proc. pén. D'autre part, ce rapprochement entre unicité et collégialité se traduit par l'harmonisation des rituels, la barémisation ne suffisant plus au juge unique pour traiter les infractions toujours plus complexes qu'il a à connaître.

Le développement des alternatives aux poursuites. Dans un souci de systématisation de la réponse pénale et d'accélération du procès[87], le législateur institutionnalise en 1999 les alternatives aux poursuites[88] issues de la pratique[89]. Il crée, d'une part, les mesures alternatives de l'article 41-1 du C. proc. pén. et, d'autre part, la composition pénale à l'article 41-2 du même code. L'efficience de ces mesures au regard des objectifs poursuivis incite le gouvernement à en augmenter le nombre[90]. Cette évolution s'inscrit dans le droit fil des réformes de politiques publiques visant à évaluer l'activité des juridictions[91] et en réduire le budget[92].

---

[87] POUGET (P.), « La mise en place de la diversification du traitement des délits à travers la législation », *in* DANET (J.) (coord.), *La réponse pénale. Dix ans de traitement des délits*, éd. PUR, coll. L'univers des normes, 2013, pp. 49-81.

[88] Loi n° 99-515 du 23 juin 1999.

[89] Les parquets avaient développé la pratique du « *classement sous condition* » face aux insuffisances du système binaire d'opportunité des poursuites (poursuivre ou classer).

[90] L'art. 41-1 C. proc. pén., qui prévoyait cinq mesures alternatives lors de sa création, en compte désormais sept. L'art. 41-2, qui prévoyait quatre mesures de composition en propose désormais dix-neuf et s'applique par ailleurs à un nombre croissant d'infractions.

[91] MARSHALL (D.), « L'impact de la loi organique relative aux lois de finances (LOLF) sur les juridictions », *Revue française d'administration publique*, 2008, n° 1, pp. 121-131.

[92] KOTT (S.), « La RGPP et la LOLF: consonances et dissonances », *Revue française d'administration publique*, n° 4, 2010, pp. 881-893.

Le développement des procédures simplifiées. L'amende forfaitaire est instituée en 1926[93] afin d'apporter une réponse pénale immédiate et automatique à certaines infractions de masse, d'abord uniquement contraventionnelles, puis délictuelles[94]. À ses côtés, l'ordonnance pénale est instituée en 1972[95] et ne s'applique alors qu'au contentieux contraventionnel avant d'être élargie aux délits prévus par le code de la route en 2002[96]. Simple, rapide et non contradictoire, cette procédure permettant de désengorger efficacement les juridictions est étendue par des lois successives[97]. Son recours est désormais possible pour un large panel de délits, prévus à l'article 495 du C. proc. pén. Enfin, la procédure de comparution sur reconnaissance préalable de culpabilité (CRPC) est créée en 2004[98]. À l'origine, elle n'est applicable qu'aux délits punis d'une peine d'amende ou d'une peine d'emprisonnement inférieure ou égale à 5 ans. Ce plafond est supprimé en 2011. En outre, les peines susceptibles d'être prononcées sont proches de celles prononçables par une juridiction de jugement « classique »[99].

---

[93] Loi du 28 décembre 1926.

[94] D'abord restreinte à la répression des contraventions des quatre premières classes, l'amende forfaitaire est élargie à la cinquième classe en 2001, puis aux délits en 2016. Son extension se poursuit avec la loin° 2019-222 du 23 mars 2019 (ex. : vente d'alcool à des mineurs, usage de stupéfiants).

[95] Loi n° 72-3 du 3 septembre 1972.

[96] Loi n° 2002-1138 du 9 septembre 2002.

[97] ROUSSEL (G.), « L'essor de l'ordonnance pénale délictuelle », *Droit et société*, n° 3, 2014, pp. 607-620. On ne compte pas moins de six lois ayant étendu le champ infractionnel de l'OPD, dont les plus significatives sont les lois n° 2001-1862 du 13 décembre 2011 et n° 2019-222 du 23 mars 2019.

[98] Loi n° 2004-204 du 9 mars 2004.

[99] La loi n° 2019-222 du 23 mars 2019 a augmenté le *quantum* d'emprisonnement susceptible d'être proposé, de 1 an à 3 ans. L'art. 495-8 du C. proc. pén. dispose désormais que : « *Lorsqu'est proposée une peine d'emprisonnement, sa durée ne peut être supérieure à trois ans* ».

Le dépassement de la logique binaire « juge unique » *versus* « collégialité ». En définitive, l'essor des modes simplifiés et alternatifs diversifie considérablement le traitement des délits[100]. C'est bien dans ce contexte, bigarré et protéiforme, que la place du juge unique doit s'apprécier et *a fortiori* au regard de l'ampleur de ces procédures. Celui-ci n'est qu'une modalité du *process* judiciaire parmi tant d'autres. Néanmoins, le gouvernement et les détracteurs de la réforme ne cessent de dépeindre un juge unique en pleine expansion[101]. Le premier pour le meilleur, les seconds pour le pire. Or, ce raisonnement en trompe-l'œil inférant l'essor du juge unique monopolise le débat, en masquant une autre réalité plus que jamais envisageable : celle de son déclin.

§ 2. Le juge unique, standard dépassé par les nouveaux modes de poursuites

Un recul du recours au juge unique est prévisible (B.) suite aux modifications apportées par la loi n° 2019-222 du 23 mars 2019 (A.).

A. Les modifications apportées par la loi du 23 mars 2019

Les débats autour du projet de loi. Le projet de loi est finalement adopté le 23 mars 2019[102] après examen *a priori* du texte par le Conseil constitutionnel[103]. Les arguments soumis au Conseil par les députés de l'opposition reflètent ceux invoqués par les partisans et détracteurs du texte au cours des

---

[100] POUGET (P.), « La mise en place de la diversification du traitement des délits à travers la législation », *inop. cit.*, préc.

[101] L'étude d'impact du projet de loi de programmation 2018-2022 et de réforme pour la justice formulait de façon claire « *une perspective d'élargissement du champ d'application* » du juge unique, pp. 333 et 338.

[102] Loi n° 2019-222 du 23 mars 2019.

[103] Cons. const., décision n° 2019-778 DC du 21 mars 2019, décision de non-conformité partielle et de réserve.

discussions. On note qu'ils soulèvent moins d'enjeux constitutionnels qu'ils n'exhibent de postures idéologiques sur la politique de gestion des affaires publiques[104]. Ces oppositions pourraient expliquer, pour partie, la validation dans sa majorité du texte par le Conseil[105]. La concertation lancée par la Chancellerie est perçue par les opposants au texte comme le package d'un discours intangible, l'outil de légitimation d'un ministère qui entend, mais qui n'écoute pas[106]. La radicalité des discours tenus et des actes menés par certains praticiens et syndicats[107] reflète le ras-le-bol d'hommes et de femmes se sentant malmenés par les réformes successives. Or, la réussite d'un débat tient à la posture des participants : si bienveillance, écoute et humilité font défaut, la discussion se restreint à l'opposition frontale de points de vue immuables. Impossible sur le fond, le débat se réduit à la forme : en sort victorieux l'interlocuteur le plus influent, non par sa raison, mais par son pouvoir et/ou son éloquence. Le maintien des postures entrave un véritable

---

[104] DANET (J.), « Brèves réflexions sur une réforme de la justice ambitieuse et sur ses enjeux profonds », *Dalloz actualité*, 17 avril 2019.

[105] L'onction constitutionnelle accordée à la majorité des articles contestés va empêcher tout examen ultérieur dans le cadre de QPC.

[106] Sur le site internet de l'Union Syndicale des Magistrats (USM), la rubrique « *Spécial chantiers de la justice* » regroupe les motions votées par les magistrats pour dénoncer le « *simulacre de concertation* » de la part du Ministère de la Justice.

[107] En attestent les manifestations et journées « justice morte » menées notamment les 20 mars et 11 avril 2018, et les communiqués syndicaux. V. par ex., Syndicat de la magistrature, « Loi de programmation pour la justice : le cirque ne fait que commencer », communiqué de presse du 25 mars 2019.

débat[108], avec tous les praticiens, sur la question de savoir quelle justice nous voulons, *avec les moyens disponibles.* Les critiques stagnent sur les questions – légitimes, mais insuffisantes – du manque de moyens. Dans le cas du juge unique, les postures se sont maintenues, neutralisant tout débat sur son devenir au regard de l'essor des nouveaux modes de poursuites dans le système judiciaire.

L'apport de la loi promulguée. Concernant le champ de compétences du juge unique, le texte ajoute quelques délits à la liste de l'article 398-1 du C. proc. pén., qu'il clarifie. En outre, il énonce désormais que le juge unique n'est compétent pour le jugement des délits visés que « *lorsqu'ils sont punis d'une peine inférieure ou égale à cinq ans d'emprisonnement* ». L'article vise un maximum *encouru*, ce qui exclut les infractions visées sujettes à une cause venant aggraver ce maximum au-delà de 5 ans. Or, auparavant, la seule indication en matière de *quantum* maximum était contenue dans le dernier alinéa de l'article 398-2 du C. proc. pén., indiquant que le juge unique : « *ne peut prononcer une peine d'emprisonnement ferme d'une durée supérieure à cinq ans* ». Cette disposition permet d'inclure l'ensemble des infractions citées dans l'article, quand bien même le *quantum* encouru dépasse 5 ans du fait d'une aggravation. Cela inclut également les peines mixtes dont la partie ferme n'excède pas 5 ans, tant que le juge ne prononce pas au-delà. Et cet article demeure inchangé suite à la réforme. Reste que cette incohérence doit être relativisée. En effet, l'alinéa 14 de la nouvelle version de l'article 398-1 indique

[108] Ce face-à-face renvoie à celui opposant les manifestants aux services de police, dont la colère réciproque entraîne une escalade de violence. V. CHOUQUET (M.), « Manifestations sous tensions : allô Beauvau ? », *Le Nouveau Magazine Littéraire*, n° 15, mars 2019. V. également, SIZAIRE (V.), « Des sans-culottes aux « gilets jaunes » histoire d'une surenchère répressive », *Le Monde Diplomatique*, n° 781, avril 2019. V. aussi la colère entre services de police et habitants des banlieues, décrite par KASSOVITZ (M.) dans le film *La haine*, 1995. Autant de schémas d'un dialogue difficile et d'une impossible réconciliation.

que : « *Pour l'appréciation du seuil de cinq ans d'emprisonnement mentionné au premier alinéa du présent article, il n'est pas tenu compte des aggravations résultant de l'état de récidive ou des dispositions des articles 132-76, 132-77 ou 132-79 du Code pénal* ». Aussi, une infraction visée par l'article, qui serait aggravée du fait de la récidive (maximum 10 ans encourus) ou de trois circonstances[109] demeurerait de la compétence du juge unique. Toutefois, sortent de sa compétence les infractions aggravées en raison d'autres circonstances que celles auxquelles renvoie l'alinéa, et l'on sait combien celles-ci sont nombreuses aujourd'hui. De plus, la réponse à la question de savoir si un juge unique condamnant à une peine ferme pourrait révoquer un sursis antérieurement prononcé, élevant la peine à plus de cinq ans, varie selon que l'on se base sur un *quantum* encouru (la réponse est oui) ou prononcé (la réponse est non). En tout état de cause, le fait d'interpréter ce *quantum* de 5 ans comme maximum *encouru*, vient réduire la compétence du juge unique.

L'harmonisation des domaines « juge unique » et « ordonnance pénale ». Une seconde incohérence est notable, entre le souhait affiché d'étendre la compétence du juge unique et ce que l'on peut prédire en pratique. En effet, l'article 495 du C. proc. pén. qui énumère les délits pouvant relever de la procédure d'OPD a été modifié. Avant la réforme, certains des délits listés relevaient aussi de la compétence du juge unique[110]. Toutefois, le recours à l'OPD était exclu lorsque le prévenu était récidiviste, ce qui imposait

[109] Les art. 132-76, 132-77 et 132-79 du C. pén. renvoient respectivement à l'aggravation du fait de la présence d'un mobile discriminatoire en raison de la race, de l'orientation sexuelle, ou enfin du fait de l'usage d'un moyen de cryptologie.

[110] Les anciens art. 398-1 et 495 C. proc. pén. énonçaient le recours possible au juge unique et à l'OPD, pour le vol, recel, filouterie, détournement de gage, destruction ou dégradation de bien, vente à la sauvette, délits prévus par le code de la route, délits en matière de règlementation relative aux transports terrestres, délit d'occupation illégale de hall d'immeuble, contrefaçon, délits en matière de chèque, port d'arme de catégorie D sans motif légitime.

d'orienter l'affaire devant le juge unique dans ce cas. Suite à la réforme, l'article 495 énonce que l'OPD « *est applicable aux délits mentionnés à l'article 398-1 du présent code, à l'exception des délits d'atteintes volontaires et involontaires à l'intégrité des personnes* » et l'alinéa qui excluait le recours à cette procédure en cas de récidive est supprimé. L'harmonisation des champs infractionnels de ces deux procédures est quasiment totale et la compétence exclusive du juge unique est réduite aux délits d'atteintes volontaires et involontaires à l'intégrité physique[111]. Pour parachever cette harmonisation, la réforme vient étendre le panel des peines susceptibles d'être prononcées dans le cadre d'une OPD[112].

La proximité croissante entre procédures simplifiées et juge unique. En outre, la procédure de CRPC est également étendue. Il est désormais possible de prononcer une peine d'emprisonnement de 3 ans maximum, ainsi que de révoquer les sursis antérieurement prononcés. En matière de composition pénale, la volonté initiale du gouvernement de supprimer le *quantum* maximal de 5 ans d'emprisonnement encouru pour recourir à cette alternative n'est toutefois pas retenue dans le texte final, qui conserve ce plafond. En définitive, on remarque que la réforme, qui étend le champ des procédures simplifiées de poursuites, participe à les rapprocher avec la procédure à juge unique. La spécificité procédurale de celui-ci est ainsi réduite à peau de chagrin. Il est piquant de noter que, lorsque le législateur avait souhaité instaurer la procédure d'injonction pénale en 1995, le champ d'application de celle-ci se calquait sur celui du juge unique. Or, à l'époque, cette unité de domaine infractionnel avait pour

---

[111] L'étude d'impact du projet de loi ayant relevé que cette exclusion « *permet [...] de ne pas faire entrer dans le champ de cette procédure des infractions pour lesquelles un jugement correctionnel à juge unique que est a minima nécessaire* », p. 339.

[112] Le juge peut désormais prononcer les peines de travail d'intérêt général et de jours-amende.

partie fondé la censure opérée par le Conseil constitutionnel[113].

L'extension annoncée du champ infractionnel du juge unique. Le Conseil constitutionnel, dans sa décision, donne le feu vert au législateur pour poursuivre l'extension de la formation unique par la phrase suivante : « *les modalités de composition des formations de jugement sont sans effet sur l'obligation de respecter les droits de la défense et le droit à un procès équitable ou sur le droit à un recours juridictionnel effectif* »[114]. Il faut comprendre ici que l'extension du juge unique ne pose, pour le Conseil, aucune difficulté en ce que les garanties dues aux justiciables doivent être exercées de la même manière, quelle que soit la formation de jugement. Sauf que c'est énoncer une pétition de principe lorsque le Conseil l'utilise pour justifier l'extension du champ du juge unique. Une telle affirmation revient à faire un raccourci entre l'obligation qui pèse sur le juge et la réalisation effective de cette obligation, sans distinction entre les diverses procédures. Autrement dit, à la question de savoir si le juge unique est en mesure de garantir autant les droits du justiciable qu'une formation collégiale, le Conseil répond que oui, car il en a tout simplement l'obligation. En outre, le caractère général de cette phrase ne peut qu'inquiéter si elle devait justifier pas la suite l'extension du champ de l'OPD ou de la CRPC sans plus de débat. Enfin, le Conseil valide la progression du juge unique par l'argument, récurrent, de la faculté de renvoi vers la formation collégiale. C'est pourtant méconnaître la pratique que de croire qu'un tel renvoi sera opéré par un juge unique qui sait combien le rôle des audiences collégiales tenues par ses collègues, ou parfois par lui-même, est déjà bien rempli. Bref, le Conseil conclut, sans surprise, à la conformité de cet essor à la Constitution. Enfin,

[113] Cons. const., décision n° 95-360 DC du 2 février 1995. V. BOURDEAU (B.), « L'injonction pénale avortée : scolies sur une question de confiance », *Dalloz*, 1995.

[114] Décision n° 2019-778 DC du 21 mars 2019, §295.

l'on sait désormais que si la Chancellerie déploie plus encore les compétences du juge unique, avec l'onction du Conseil, il faudra comprendre que le champ de l'OPD augmente d'autant. On peut donc justifier avec les garanties de l'un, le recours à l'autre. Et l'extension des cas de recours au juge unique ne signifie pas extension du recours effectif à ce juge. Bien au contraire.

B. Le contournement prévisible du juge unique

Une recherche d'efficacité dans le traitement des affaires. Les procédures simplifiées présentent de nombreux avantages pour le parquet. En effet, l'enjeu premier des politiques pénales étant d'apporter une réponse efficace, l'orientation des procédures est déterminante, au regard du résultat recherché et des moyens disponibles[115]. C'est le rapport coût/efficacité devenu central, depuis la loi organique relative aux lois de finance (LOLF), au sein de l'administration de la justice. Dans ce système, le procureur devient « *tour de contrôle* » de l'orientation des procédures et bénéficie d'une palette de procédures disponibles[116].

La mise en concurrence des procédures. L'objectif de la réforme est clairement énoncé : alléger les formations collégiales du tribunal correctionnel et augmenter le recours

[115] JEAN (J.-P.), « Politique criminelle et nouvelle économie du système pénal », *AJ Pénal*, 2006.473.

[116] *Ibid. « Il peut choisir parmi une palette de solutions procédurales pour adapter ses réponses au type et à la gravité de l'infraction, à la personnalité de l'auteur mais aussi à la décision judiciaire la plus rationnelle, au sens de l'analyse économique. C'est-à-dire le choix qui produit le résultat prévisible le plus satisfaisant pour lui par rapport à l'investissement en coût et en temps engagé par son parquet ».*

au juge unique[117]. Et pourtant, la réforme limite ses compétences à un *quantum* de peine encouru et harmonise son domaine avec celui de l'OPD. Il appartient donc au parquet de choisir entre plusieurs procédures pouvant toutes légalement traiter l'affaire. Ainsi, l'élargissement du champ des procédures simplifiées rend le parquet de plus en plus libre dans son choix d'orientation[118]. L'instauration d'une logique concurrentielle, issue d'un modèle judiciaire néolibéral, vise à stimuler les procédures et les rendre plus efficaces[119]. La prévisibilité, *via* l'instauration de barèmes, de schémas d'orientation, d'ententes préalables, de protocoles, répond à cet objectif. Dans le cadre de ces procédures, parquet et siège s'entendent sur la nature et le *quantum* d'une peine « acceptable » pour telle ou telle infraction, en vue de limiter les cas de refus[120]. Ainsi, face à l'aléa que constitue le recours au juge, les procédures simplifiées présentent l'avantage de la certitude.

Un nouveau modèle de justice. La nouvelle logique judiciaire vient substituer un modèle productiviste rationnel

---

117 L'étude d'impact du projet de loi énonce que « *cette évolution n'impliquera pas de réorganisation majeure au sein des juridictions, qui bénéficieront d'un allègement de la charge des compositions collégiales en matière pénale et d'un vraisemblable raccourcissement des délais d'audiencement. […] La clarification et l'élargissement de la liste des infractions relevant du champ du juge unique conduiraient à augmenter d'environ 3700 condamnations annuelles le nombre d'infractions relevant de cette procédure* », pp. 352-353.

118 DANET (J.), *La justice pénale entre rituel et management*, éd. PUR, coll. L'univers des normes, 2010, p. 110 : « *Le parquet est placé devant une série d'outils processuels lui permettant d'apporter une « réponse pénale » à toutes les affaires délictuelles poursuivables. […] Chacune de ces procédures distinctes fait intervenir des acteurs différents, magistrats ou non, juges ou non, professionnels ou pas, dans un traitement avec ou sans audience* ».

119 GARAPON (A.), « Un nouveau modèle de justice : efficacité, acteur stratégique, sécurité », *revue Esprit*, 2008.

120 DANET (J.), « L'office du juge en matière pénale », préc.

aux logiques décisionnelles artisanales[121], la procédure simplifiée à la procédure garantiste. Ce modèle constitue la troisième étape de la construction de la justice, une troisième « *gouvernementalité* » au sens foucaldien du terme. Elle survient après le modèle « *classique* » fondé sur la souveraineté et le rituel judiciaire, puis le modèle « *disciplinaire* » fondé sur la personnalité du délinquant[122], pour aboutir aujourd'hui au modèle « *néolibéral* », fondé sur le management et l'utilisation optimale des ressources[123].

L'orientation prévisible vers les procédures simplifiées. Dans ce contexte, il est très probable que les parquets se saisissent de cet outil à l'efficacité redoutable que constitue l'OPD pour évacuer un maximum d'affaires, relevant également du juge unique. *De facto*, le recours à ce dernier en sera amoindri d'autant. Mais le siège ne s'opposera pas nécessairement, car il bénéficie de quelques avantages : son temps de rédaction et de motivation est considérablement restreint, *a fortiori* si les faits sont reconnus.

L'étude de la marche actuelle de la procédure pénale et des impacts prévisibles de la nouvelle loi permet d'anticiper un éventuel recul du juge unique au profit des alternatives et modes simplifiés de poursuites, plus performants. Outre la formation du tribunal correctionnel, le juge unique intervient dans le cadre de ces nouvelles procédures. Il ne juge pas, mais signe, homologue, valide, ce qui bouleverse substantiellement son office.

---

121 FAGET (J.), « La fabrique de la décision pénale », préc. Le développement du *new public management* dans le judiciaire est un facteur externe de fabrication de la décision. Il évoque « *la diffusion d'une culture de résultat importée du secteur marchand* », incarnée par « *la LOLF entrée en vigueur en 2006 [qui] fixe des objectifs précis, mesure les résultats, instaure une démarche d'évaluation, définit des indicateurs et oblige à rendre compte de l'activité à partir de critères mesurables, essentiellement quantitatifs* ».

122 FOUCAULT (M.), *Surveiller et punir*, éd. Gallimard, coll. Tel, 2016.

123 GARAPON (A.), *Postface*, *in* DANET (J.), *La justice pénale entre rituel et management*, préc., p. 257.

Section 2. Un juge unique instrumentalisé par le procès pénal négocié

Le juge unique s'est fait « *support de nouveautés procédurales* »[124], ce qui vient reconfigurer son office traditionnel : garantir et trancher. Aux côtés du procès accéléré, donnant la part belle à l'OPD, le procès pénal négocié s'est développé *via* la CRPC. Autre procédure négociée, la composition pénale sera également étudiée au titre d'alternative. Toutes deux font intervenir un juge unique. Toutefois, l'intervention de celui-ci est réduite à une présence formelle (§2.) après que la peine ait fait l'objet d'un accord préalable entre le procureur de la République et le mis en cause (§1.).

§ 1. Une absence réelle lors de la phase de fixation de la peine

Lorsque le juge unique est saisi aux fins de validation ou d'homologation, la culpabilité est reconnue (A.) et la peine, ou mesure de composition, déterminée après négociation (B.).

A. Une culpabilité basée sur l'aveu

L'office juridictionnel du juge. L'activité juridictionnelle suit un *process* relativement normé, faisant se succéder les différentes actions réalisées par le juge : la préparation des dossiers, l'instruction d'audience, l'appréciation des éléments à charge, la détermination de la sanction et, enfin, la rédaction et la motivation de la décision. L'office juridictionnel du magistrat du siège s'incarne dans le contrôle du respect des droits et libertés fondamentales qu'il opère, et dans l'acte de trancher un litige en toute indépendance. Le premier nécessite l'examen des pièces jointes à la procédure. Le second suppose

---

124 VIENNOT(C.), *Le procès pénal accéléré, étude des transformations du jugement pénal*, Ed. Dalloz, coll. Nouvelle Bibliothèque de Thèses, 2012.

la mise en œuvre d'un débat contradictoire devant forger la conviction du juge qui révèlera, par son appréciation, la vérité judiciaire.

L'aveu au cœur du modèle inquisitoire de la procédure. Cette seconde dimension de l'office du juge est facilitée en présence d'un aveu. Cette confession des faits par son auteur offre au juge une économie de temps et de travail d'appréciation des charges. Cet aveu est au cœur du modèle inquisitoire de la procédure pénale où il incarne l'abdication de l'auteur face à l'autorité[125]. Au sein de ce type de procès, le débat est neutralisé et l'audience réduite à la réitération d'aveux publics[126].

L'aveu au cœur du modèle néolibéral de la justice. L'aveu est aussi au cœur du modèle néolibéral de la justice où il traduit tout autre chose : un choix volontaire et éclairé. En effet, dans ce modèle, le poids de la décision est transféré sur le justiciable, perçu comme acteur rationnel que la justice doit mettre en condition d'élaborer une stratégie individuelle. Les procédures négociées déplacent ainsi la justice des mains du juge vers celles du justiciable. La justice, d'abord administrée, puis de proximité – incarnée par le juge unique, est aujourd'hui pour partie négociée, voire transférée : le procès traduit une « *justice qui se tait pour écouter [...] voire à un terrain de jeu où le justiciable peut déployer ses stratégies procédurales* »[127]. C'est appliquer au monde judiciaire le mythe libéral et autodéterministe de l'individu entrepreneur de sa propre vie,

---

[125] SALAS (D.), *op. cit.*, préc., p. 64. L'auteur indique que « *dans le procès inquisitorial, l'exigence de l'aveu inscrit, dans la parole et dans le corps de l'accusé, la relation à une autorité souveraine* ». V. aussi, FOUCAULT (M.), *La volonté de savoir*, éd. Gallimard, 1976, p. 83: « *l'aveu [...] est un rituel qui se déploie dans un rapport de pouvoir, car on n'avoue pas sans la présence au moins virtuelle d'un partenaire qui n'est pas simplement l'interlocuteur mais l'instance qui requiert l'aveu, l'impose, l'apprécie et intervient pour juger, punir, pardonner, consoler, réconcilier* ».

[126] SALAS (D.), *op. cit.*, préc., p. 66.

[127] GARAPON (A.), « Un nouveau modèle de justice : efficacité, acteur stratégique, sécurité », art. préc.

doté d'une faculté éclairée de choisir ce qui est bon pour lui. Or, cette liberté est un excellent outil politique, social et aujourd'hui judiciaire de domination des masses, si bien que la soumission peut lui être préférée[128]. Donner le sentiment à l'individu que sa condition relève d'un choix personnel annihile son sentiment d'injustice et sa volonté de contestation. En matière judiciaire, la prise en compte de la volonté individuelle peut, à la marge, avoir le mérite de provoquer un face-à-face direct entre le procureur et le mis en cause, pouvant s'avérer pédagogique, responsabilisant et utile en termes d'acceptabilité de la sanction. Néanmoins, les praticiens démentent vertement ces avantages[129]. Si l'aveu relève du choix de l'individu (s'il avoue, il pourra bénéficier de procédures simplifiées et de peines revues à la baisse, à défaut de quoi il comparaitra devant son juge dans le cadre d'une audience classique), sa subordination de fait vis-à-vis du procureur rend plus adéquat l'usage du terme d'*assentiment* que celui d'*acceptation* ou de *choix*. En définitive, procès inquisitorial et néolibéral ont en commun la prééminence de l'aveu qui évacue le débat sur la culpabilité. Ils ont toutefois de distinct le mode de détermination de la peine, imposée dans le premier cas, négociée dans le second.

B. Une peine fixée par le Procureur de la République

L'office sanctionnateur du juge dans les procédures classiques. La détermination de la peine succède l'établissement de la culpabilité et de la responsabilité de l'auteur et précède son prononcé. Lors de l'audience pénale

---

[128] LAGAUZERE (D.), *Le masochisme social*, Ed. L'Harmattan, coll. Logiques sociales, 2009 : « *L'instinct de soumission, la propension à l'obéissance permet aux individus de se décharger de la pression que provoque la nécessité de faire des choix. La liberté peut être parfois si insoutenable que l'on préfère y renoncer en se soumettant à de nouvelles formes d'autorité* ».

[129] DANET (J.), GRÜNVALD (S.), SAAS (C.), « Traiter versus juger ? Quel rituel ? » *in* DANET (J.) (coord.), *La réponse pénale. Dix ans de traitement des délits*, éd. PUR, coll. L'univers des normes, 2013, pp. 355-356.

classique, ce rôle incombe au juge, doté d'un office sanctionnateur[130]. La dimension punitive de l'office du juge renvoie à l'*imperium* — pouvoir de trancher un litige et de fixer une peine à partir de l'équivalence estimée entre un acte et sa rétribution – après avoir usé de sa *jurisdictio* — pouvoir de dire le droit[131]. Le juge détermine la peine au regard des quatre foyers de sens à lui donner : fonction rétributive pour restaurer la souveraineté de la loi, fonction protectrice du citoyen et de la société, fonction éducative et de (ré)insertion sociale, fonction réparatrice du mal causé à la victime[132]. Toutefois, dans le cadre des procédures négociées, cet office est considérablement restreint.

L'office quasi sanctionnateur du procureur dans les procédures négociées. Le procureur de la République, lorsqu'il apprécie les éléments à charge pour orienter l'affaire vers telle ou telle procédure, réalise un travail préjuridictionnel déterminant. Il opère une succession de choix[133], dans les marges concédées par la loi. Déterminer le traitement procédural d'une affaire revient à prédéterminer la peine qui sera prononcée en cas de poursuites[134]. C'est ainsi que le procureur, par son choix d'orientation, va naturellement influer sur la peine qui sera *in fine* prononcée. Le degré le plus fort de cette influence intervient à l'occasion

---

130 GARAPON (A.), PERDRIOLLE (S.), BERNABÉ (B.), Rapport préc., p. 130 et s.

131 CORNU (G.), *Op. cit.*, préc., p. 582.

132 GARAPON (A.), GROS (F.), PECH (T.), *Et ce sera justice. Punir en démocratie*, éd. Odile Jacob, 2001.

133 Poursuivre ou ne pas poursuivre ? En cas de poursuites, procédure classique ou simplifiée ? Formation collégiale ou juge unique ? OPD ou CRPC ? Classement ou alternative ? Quelle alternative ?

134 VIENNOT (C.), *op. cit.*, préc. L'auteur estime que la large marge d'appréciation du procureur au moment de l'orientation des poursuites fait de lui un « *quasi-juge* », par un processus de délégation de la fonction de juger. En effet, le procureur sait que la CRPC permet au prévenu de négocier une peine plus faible, tandis que la comparution immédiate lui fait encourir un plus grand risque d'incarcération.

des procédures négociées, où le procureur détermine la peine (la « *propose* », comme indique pudiquement la loi) qui sera présentée à l'homologation ou à la validation par un juge unique. Ne reste à ce dernier qu'à prononcer la peine prédéterminée. D'aucuns ont ainsi parlé d'un véritable pouvoir de sanction du procureur[135], ou encore d'un « *débordement des fonctions de poursuivre sur celles de juger* »[136] à l'occasion de ces procédures.

Le procureur de la République : membre de l'autorité judiciaire ? La faculté du parquet de déterminer la nature et le *quantum* d'une peine est vivement décriée, en raison de son appartenance discutable à l'autorité judiciaire. À cette question, le Conseil constitutionnel a répondu oui[137], la Cour européenne des droits de l'Homme (CEDH) a répondu non[138], et la chambre criminelle de la Cour de cassation a répondu non, mais si un peu quand même[139]. Il faut toutefois souligner que, quand bien même le Conseil constitutionnel a récemment refusé de reconnaitre

---

[135] SAAS (C.), « De la composition pénale au plaider-coupable : le pouvoir de sanction du procureur », *RSC*, 2004.824.

[136] VIENNOT (C.), *op. cit*, préc.

[137] Le Conseil constitutionnel estime que l'autorité judiciaire, gardienne de la liberté individuelle par son contrôle des mesures restrictives des droits et libertés durant la procédure pénale, comprend à la fois les magistrats du siège et les magistrats du parquet. V. Cons. const., décision n° 2011-174 QPC du 6 octobre 2011, ou Cons. const., décision n° 2010-14/22 QPC du 30 juillet 2010, ou encore Cons. const., décision n°2017-680 QPC du 8 décembre 2017.

[138] La CEDH estime que le procureur de la République n'est pas un membre de l'autorité judiciaire, à défaut de présenter des garanties d'indépendance et d'impartialité. V. CEDH, 29 mars 2010, *Medvedyev et a. c/ France*, n° 3394/03, réaffirmé dans l'arrêt CEDH, 23 novembre 2010, *Moulin c/ France*, n° 37104/06.

[139] La chambre criminelle reconnait que le procureur n'est pas un membre de l'autorité judiciaire faute d'indépendance et d'impartialité, mais admet qu'aucun magistrat du siège n'intervienne au cours des premières heures de garde-à-vue et que cette mesure soit placée sous le seul contrôle du procureur. V. Crim., 15 décembre 2010, n° 10-83.674.

l'indépendance statutaire du parquet[140], le législateur lui a imposé un devoir d'impartialité[141]. Et c'est peut-être en incarnant pleinement cette exigence d'impartialité que le parquet parviendra à être, sinon statutairement, du moins déontologiquement, indépendant ; et compenser ainsi, on peut le croire, la faiblesse du contrôle juridictionnel auquel se livre le juge unique dans le cadre des procédures négociées.

§ 2. Une présence formelle lors de la phase de jugement

Une fois la culpabilité établie et la peine déterminée, l'intervention d'un magistrat du siège est requise aux fins de validation (A.) ou d'homologation (B.). Dans ces deux cas, le rôle juridictionnel du juge unique sollicité est restreint : il consiste « *à donner son assentiment à des diversions par rapport à l'audience classique* »[142]. Ce mode d'intervention vise une fonction d'autorisation, d'approbation, d'assentiment, au terme duquel il valide ou homologue un accord préalablement passé entre le procureur ou son délégué et le mis en cause.

A. La validation des compositions pénales

La validation de la composition par un magistrat du siège. La composition pénale est instituée par le législateur suite à la censure, par le Conseil constitutionnel, de

[140] Cons. const., décision n°2017-680 QPC du 8 décembre 2017.

[141] Art. 31 C. proc. pén., « *Le ministère public exerce l'action publique et requiert l'application de la loi, dans le respect du principe d'impartialité auquel il est tenu* ». L'exigence d'impartialité est issue de la loi n° 2013-669 du 25 juillet 2013.

[142] GARAPON (A.), PERDRIOLLE (S.), BERNABÉ (B.), Rapport préc., p. 110. Le rapport ajoute : « *On n'attend de lui qu'un contrôle, une supervision, un double-check et non une review. Le juge doit « consacrer » un accord : on lui demande de couvrir de son autorité l'accord passé avec le procureur, de l'autoriser* ».

l'injonction pénale[143]. En effet, le Conseil avait estimé que l'absence d'intervention d'un juge au cours de la procédure contrariait le principe de séparation des autorités de poursuites et de jugement. L'article 41-2 du C. proc. pén. prévoit donc la validation par un magistrat du siège de ces compositions acceptées par le mis en cause[144]. L'audition de l'auteur des faits ou de la victime en amont de la validation est facultative et, en réalité, très exceptionnelle.

La validation : degré zéro du contrôle juridictionnel. La procédure pénale étant affaire d'équilibre, la garantie apportée par le contrôle juridictionnel est proportionnée à la gravité de l'infraction et au degré de l'atteinte encourue par le prévenu à sa liberté individuelle. Or, la composition pénale est une alternative aux poursuites et ne peut aboutir à une peine. Dès lors, la validation est le fait, pour un juge unique, d'autoriser le parquet à mettre en œuvre telle ou telle mesure de composition. En pratique, la validation réduit à néant l'office du juge dont le contrôle est purement formel : pas d'audition de l'auteur, pas de pièces suffisantes pour apprécier l'authenticité de l'accord. Ainsi, le magistrat en charge de ces validations ressent, plus que jamais, le sentiment d'être la chambre d'enregistrement du parquet pour répondre à une exigence constitutionnelle qui vide de sens son office[145]. Cela étant dit, il faut désormais préciser que si le juge opère un contrôle formel sur ces compositions, c'est que des ententes préalables, « *contrôles préventifs de l'usage*

---

143 Cons. const., décision n° 95-360 DC du 2 février 1995, cons. 6 : « *Considérant que certaines mesures susceptibles de faire l'objet d'une injonction pénale peuvent être de nature à porter atteinte à la liberté individuelle [...] ; que le prononcé et l'exécution de telles mesures [...] intervenir à la seule diligence d'une autorité chargée de l'action publique mais requièrent la décision d'une autorité de jugement conformément aux exigences constitutionnelles ci-dessus rappelées* ».

144 Art. 41-2 C. proc. pén. : « *Lorsque l'auteur des faits donne son accord aux mesures proposées, le procureur de la République saisit par requête le président du tribunal aux fins de validation de la composition* ».

145 *A fortiori* lorsque cette mission revient au même magistrat, qui signe toutes les OPD et valide toutes les compositions pénales de la juridiction.

des compositions » par le siège, ont été conclues avec le parquet avant la mise en œuvre de la composition. L'intervention du juge est « *atypique* »[146] et se contente de vérifier que le parquet a respecté les termes de l'accord.

L'apport de la loi de programmation pour la justice 2018-2022. Deux apports de la réforme doivent être relevés, l'un en la forme, l'autre sur le fond. En la forme, la lettre du nouvel article 41-2 du C. proc. pén. a été modifiée dans le sens d'une meilleure intelligibilité. L'alinéa prévoyant l'exigence de validation indique désormais les motifs de refus et d'acceptation de valider la composition pénale. Sur le fond, la réforme apporte un changement substantiel, à savoir l'absence de validation si, d'une part, le délit sanctionné est puni d'une peine de 3 ans d'emprisonnement maximum et si, d'autre part, le montant de l'amende de composition ou la valeur du bien dont l'auteur se dessaisit au profit de l'État n'excède pas 3000 €. Cette nouvelle disposition est formulée comme exception à la règle de la validation, or, au regard du montant habituel des amendes de compositions ou de la valeur des biens confisqués, on peut aisément prédire qu'elle deviendra le principe. Quitte, pour les parquets, à baisser le montant des amendes de composition pour contourner l'exigence de validation qui ralentit naturellement la procédure. Voilà donc une composition pénale qui ressemble bien étrangement à l'injonction pénale autrefois censurée et qui passe outre, sans frémir, le filtrage constitutionnel. Le Conseil valide la disposition, au regard des « *exigences d'une bonne administration de la justice et d'une répression effective des infractions* »[147]. Il estime que ces exigences priment, dans le cas de modes d'extinction de l'action publique portant sur des délits peu graves faisant encourir

---

[146] SAAS (C.), « De la composition pénale au plaider-coupable : le pouvoir de sanction du procureur », art. préc.

[147] Cons. const., décision n° 2019-778 DC du 21 mars 2019, § 270 renvoyant au §252. Le conseil transpose le raisonnement utilisé en matière d'amende forfaitaire à la composition pénale.

des amendes de faible montant, sur le principe de séparation des autorités de poursuites et de jugement. Le régime de la composition se rapproche ainsi des alternatives simples, malgré une inscription au bulletin n°1 du casier judiciaire qui demeure. Une telle évolution n'est pas malheureuse quand on a en tête l'effectivité bien relative du contrôle mené par le siège sur ces transactions. L'intensité du contrôle par le juge est plus forte en matière de CRPC, en raison des enjeux punitifs en présence.

B. L'homologation des CRPC

Une audience *a minima*. L'audience de CRPC est à l'image du contrôle exercé par le juge unique qui la tient : *a minima*. Dénuée de contradictoire, celle-ci n'est publique qu'en théorie : elle se déroule sans ministère public[148] et le plus souvent sans public ni partie civile. Seul un las ballet d'avocats déambule dans la salle d'audience, entre le bureau du procureur et le bureau de l'exécution. En outre, l'instruction d'audience est quasi nulle : le débat sur la culpabilité est évacué et celui sur la peine et ses conditions de réalisation a déjà eu lieu. C'est pourquoi la mixité de la procédure pénale, dotée d'une phase préparatoire inquisitoire et d'une phase décisoire accusatoire, peut être questionnée. En effet, l'essor de la procédure de CRPC et le recul des facultés d'instruction

[148] Art. 495-9 C. proc. pén. : « *La procédure prévue par le présent alinéa se déroule en audience publique ; la présence du procureur de la République à cette audience n'est pas obligatoire* ». En pratique, les audiences d'homologation ne se déroulent jamais en présence du ministère public : les deux phases se déroulent simultanément dans le but de faire gagner du temps au parquet. Cela pose de réelles difficultés lorsque le juge homologateur n'est pas en mesure de comprendre la peine proposée et qu'il aurait souhaité demander compte au parquet. Heureusement, l'avocat peut tenir ce rôle d'explication de la peine au juge.

et de libre appréciation des charges à l'audience viennent réinjecter de l'inquisitoire dans la phase de jugement des affaires correctionnelles.

Un contrôle restreint à l'homologation d'une peine proposée. La procédure de CRPC requiert l'acceptation de la sanction par un juge unique, qui porte le nom d'homologation. Le degré de contrôle auquel correspond l'homologation est plus fort que la validation mais demeure considérablement restreint. En effet, le législateur et le Conseil constitutionnel n'exigent du juge qu'une vérification de la qualification des faits, l'authenticité de leur reconnaissance par l'auteur, la pertinence de la peine proposée et son acceptation[149]. Néanmoins, l'incapacité pour le juge de moduler cette peine, de l'aménager *ab initio* ou de requalifier les faits poursuivis, réduit son office à peu de chose. Le juge n'apprécie pas, il *constate.* Enfin, il donne lecture de son ordonnance motivée à l'audience. L'étendue de la motivation est également réduite, car normée : nul exercice intellectuel d'appréciation des charges, mais seule transposition du contenu de la motivation telle qu'énoncée par la loi[150].

Un contrôle effectif entre les mains du juge. Cependant, le degré de contrôle opéré lors de ces audiences varie selon la pratique du juge : la vérification de l'authenticité de l'acceptation de la peine et de la reconnaissance des faits peut varier en intensité. Il appartient au juge lui-même de préparer avec rigueur ses dossiers afin de se faire une idée de la peine adéquate par rapport à la jurisprudence du tribunal et la nature des faits. A lui

[149] Art. 495-9 C. proc. pén. : « *Après avoir vérifié la réalité des faits et leur qualification juridique, il peut décider d'homologuer les peines proposées par le procureur de la République* ».

[150] Art. 495-11 C. proc. pén. : le juge constate « *que la personne, en présence de son avocat, reconnaît les faits qui lui sont reprochés et accepte la ou les peines proposées par le procureur de la République [et que] cette ou ces peines sont justifiées au regard des circonstances de l'infraction et de la personnalité de son auteur* ».

d'insister auprès du prévenu, de le faire parler, afin de s'assurer qu'il a bien compris les enjeux de son acquiescement, *a fortiori* si un emprisonnement ferme est prononcé[151] ou qu'un sursis est révoqué[152]. En outre, la bonne ou mauvaise réception par les praticiens de cette procédure est propre à chacun d'eux et relève bien souvent de la posture. Aussi, les magistrats attachés au rituel de l'audience classique vont davantage s'élever contre l'ineptie de l'audience d'homologation anéantissant leur office ; tandis que d'autres vivront cette audience sans objecter, estimant qu'il est confort que quelqu'un d'autre fixe la peine à leur place[153].

Ce chapitre nous a permis de comprendre en quoi le juge unique, formation triomphante du tribunal correctionnel et premier favori du procès accéléré, se trouve aujourd'hui concurrencé par les nouveaux modes de traitement des délits. Concurrencé dans son domaine infractionnel, lorsque celui-ci est harmonisé avec celui de l'OPD, et concurrencé dans son office juridictionnel, lorsqu'il intervient dans le cadre de procédures négociées. En définitive, le risque d'éviction du juge unique est double : physique, lorsqu'à

---

[151] Propos recueillis lors d'un entretien. Un juge unique témoigne de ses efforts pour réaliser un véritable contrôle juridictionnel lors de l'audience d'homologation. « *C'est une procédure où l'on a tendance à baisser la vigilance. Aussi, si je vois que la peine proposée est en grand décalage, là je m'interroge et je prends beaucoup de temps pendant l'homologation pour faire parler la personne et comprendre comment on en est arrivé à telle ou telle peine* ». À la question de savoir s'il a le sentiment de juger lors de ces audiences, il répond : « *j'essaye d'y mettre quelque chose, notamment en m'assurant que la personne reconnait les faits dans les circonstances dans lesquelles les faits m'apparaissent avoir été commis. J'essaye de faire en sorte que la personne ait le sentiment d'avoir été jugée, je suis en robe, les avocats et le greffier aussi, et je fais une petite instruction comme une audience* ».

[152] La loi du 23 mars 2019 complète l'art. 495-8 C. proc. pén. par un al. 4 : « *le procureur de la République peut proposer que la peine d'emprisonnement proposée révoquera tels ou tels sursis précédemment accordés* ».

[153] Cette seconde posture se retrouve plutôt chez les juges ayant occupé un poste au parquet durant leur carrière.

défaut de performance suffisante les procédures simplifiées lui sont préférées, et intellectuelle, lorsqu'instrumentalisé par les procédures négociées, son pouvoir juridictionnel lui est retiré.

Chapitre 2. Un juge unique isolé

« Il y a toujours quelque chose d'absent qui me tourmente »[154]

Le manque d'informations dont souffre le juge unique, tant au sein de sa juridiction (Section 1) qu'au-delà (Section 2), complexifie sa tâche juridictionnelle. Son isolement et son sentiment de solitude n'en sont que plus accentués. Et si cette difficulté concerne le siège en général, elle est d'autant plus soutenue lorsque le juge est seul.

Section 1. Un juge unique isolé au sein de sa juridiction

Le juge unique souffre d'un manque d'informations en amont (§1.) et en aval (§2.) du prononcé de son jugement, ce qui exalte son sentiment de solitude.

§ 1. Un juge unique isolé de la phase précédant le jugement

Le juge unique est mis à l'écart des choix d'orientation du parquet (A.) et manque souvent d'éléments pour statuer de manière éclairée (B.).

---

[154] CLAUDEL (C.), *Lettre à Rodin, 1886*, *in Camille Claudel, Correspondance*, éd. Gallimard, coll. Art et Artistes, 2003.

A. Un juge unique ignorant les causes de sa saisine

L'opacité des schémas d'orientation du parquet. La massification des affaires a entraîné une diversification des circuits processuels. Dans ce contexte, les parquetiers en charge d'orienter les affaires ne rendent pas de décisions individuelles, au risque de rendre la politique d'orientation illisible et de ralentir considérablement le *process.* C'est pourquoi les procureurs et présidents de juridictions établissent des schémas définissant les grandes lignes d'orientation des affaires délictuelles, « *un guide line d'exercice de l'action publique* »[155], au regard des spécificités de la juridiction et du contentieux de son ressort. Lorsqu'un parquet souhaite établir un schéma d'orientation, il le fait en concertation avec le barreau et le siège. Toutefois, il appert qu'en pratique les juges peuvent ignorer le contenu, sinon l'existence, de cet outil[156] et que si schéma d'orientation il y a, il est conclu entre les chefs de juridictions sans écoulement de l'information. En conséquence, le magistrat du siège, saisi en bout de course, n'a qu'une vision parcellaire du traitement global des délits. Sa perception est réduite aux procédures dans lesquelles il intervient ; et, même lorsqu'il intervient, sa vision est tronquée en raison du peu d'informations qu'il détient sur la phase du *process* en amont de sa saisine. Si cette opacité se justifie par le principe de séparation des autorités de poursuites et de

---

[155] DANET (J.), « La notion de schéma d'orientation », *in Les cahiers de la Justice*, éd. ENM/Dalloz, 2013/4, p.21.

[156] Propos recueillis lors d'un entretien. Une juge unique témoigne du fait qu'elle ignore les raisons en opportunité de l'inscription au rôle de tel ou tel dossier : « *là-dessus on n'a jamais donné notre accord, c'est vraiment de la politique pénale parquet, c'est le parquet qui choisit, ça résulte uniquement de la volonté du parquet en fonction de la gestion des flux, de la nécessité d'apporter une réponse plus ou moins importante* ».

jugement, elle peut aboutir, chez le juge unique, à une forme d'incompréhension[157].

Les cas de saisine du juge unique. La situation la plus naturelle est lorsqu'une infraction relève de la liste de l'article 398-1 C. proc. pén. Mais il peut également être saisi sur échec de CRPC en cas de refus d'homologation[158], sur échec de composition pénale en cas de refus de validation[159], sur opposition d'un jugement de défaut rendu par un juge unique[160], sur requête[161] ou encore lorsque le tribunal n'a pas été régulièrement saisi à la première audience. Toutefois, on constate qu'en pratique le juge unique n'est pas toujours informé de la nature de sa saisine et peut ne disposer que de la convocation en justice, sans plus d'indication.

---

[157] *A fortiori* lorsqu'il statue sur une affaire pouvant relever d'une procédure simplifiée, mais qu'il ignore pourquoi le parquet a souhaité l'orienter vers lui.

[158] On distingue deux situations menant à l'échec d'une CRPC : art. 495-11 C. proc. pén., lorsque le juge refuse d'accorder l'homologation « *s'il estime que la nature des faits, la personnalité de l'intéressé, la situation de la victime ou les intérêts de la société justifient une audience correctionnelle ordinaire* », ou art. 495-12 C. proc. pén., « *lorsque la personne déclare ne pas accepter la ou les peines proposées* ».

[159] A l'instar de la CRPC, il existe deux cas d'échec d'une composition pénale déclinés à l'art. 41-2 C. proc. pén. : si le juge « *estime que la gravité des faits […], ou que la personnalité de l'intéressé, la situation de la victime ou les intérêts de la société justifient le recours à une autre procédure […]* », « *si la personne n'accepte pas la composition pénale ou si, après avoir donné son accord, elle n'exécute pas intégralement les mesures* ». Dans ces cas, la mesure devient caduque et le procureur peut décider de poursuivre.

[160] Art. 492 C. proc. pén..

[161] Art. 702-1 C. proc. pén., concernant les requêtes en relèvement, en exclusion de mentions aux bulletins n°2 ou n°3 du casier judiciaire « *le tribunal correctionnel est composé d'un seul magistrat* ». La même disposition est formulée à l'art. 710 C. proc. pén., concernant les requêtes en rectification d'erreur matérielle, tout incident contentieux survenu à l'occasion de l'exécution de la peine et, depuis la loi n° 2019-222 du 23 mars 2019, les requêtes en confusion de peines.

L'information imparfaite du juge unique. Outre la nature de sa saisine, le juge unique peut en ignorer les causes. Saisi sur échec de CRPC, il n'a pas accès à l'ordonnance de refus d'homologation, ni à la peine proposée par le parquet ou aux éventuels éléments apportés par la défense, et ne sait pas pourquoi son collègue a rejeté la proposition du parquet. Saisi d'une infraction relevant de l'article 398-1 C. proc. pén., le juge unique ignore si cette qualification est originelle, ou si elle résulte d'une disqualification après que le parquet ait passé sous silence certaines circonstances de l'infraction[162]. Ainsi, la saisine du juge unique est l'aboutissement d'un *process* déroulé en amont, dont il n'a pas connaissance. Ce schéma illustre la théorie de la rationalité limitée[163] dans laquelle « *plusieurs rationalités s'enchevêtrent. Des acteurs multiples, stratégiquement reliés entre eux mais relativement autonomes [...] participent à la construction de la décision. Chacun d'entre eux ne reçoit qu'une information imparfaite et doit, pour décider, se contenter d'une connaissance approximative des éléments de la situation* »[164]. Chaque intervenant choisit, quant à la portion qui lui revient du problème à résoudre, « *la solution qui correspond pour lui à un seuil minimal de satisfaction* »[165]. Ainsi, la décision pénale est la résultante d'une addition de rationalités séquencées et non d'un processus collectif à défaut d'informer suffisamment chacun des acteurs sur les choix des autres. Le cas du juge unique en est

---

[162] Généralisée au sein des juridictions, cette pratique de « *l'intra-correctionnalisation* » consiste à disqualifier un délit pour le faire juger par un juge unique et non par une formation collégiale. V. AGOSTINI (F.), « Compétence », *Rép. Pén.*, Dalloz, n° 122.

[163] SIMON (H.), *Administrative behavior*, éd. Free Press Publication, 1945, où l'auteur développe la théorie de la « *bounded rationality* » relative aux limites informationnelles du décideur, en opposition au modèle néoclassique de la rationalité postulant l'omniprésence du décideur et la perfection de l'information. Il distingue les limites dues aux facultés humaines de décision de celles dues aux difficultés d'accès à l'information. V. aussi, QUINET (C.), « Herbert Simon et la rationalité », *Revue française d'économie*, 9-1, 1994, p. 133.

[164] FAGET (J.), « La fabrique de la décision pénale », préc.

[165] MARCH (J.) et SIMON (H.), *Les organisations*, éd. Dunod, 1969.

symptomatique en raison du peu d'informations dont il dispose quant aux décisions précédant sa saisine, et ce, jusqu'au prononcé de la peine.

B. Un juge unique isolé lors de l'audience et du prononcé de la peine

L'exigence d'une connaissance diversifiée et générale. La solitude du juge unique est ici évoquée dans sa dimension intellectuelle. L'allongement de la liste de l'article 398-1 C. proc. pén. a *de facto* diversifié sa compétence et exigé de sa part qu'il soit en mesure de traiter toutes ces infractions. L'éclectisme de cette liste rend d'autant plus complexe la tâche du juge unique, devant saisir les enjeux de litiges extrêmement variés. On exige de lui des compétences juridiques très générales. Or, « *le beaucoup savoir apporte l'occasion de plus douter* »[166] et il peut se trouver en difficulté. Toutefois, un certain nombre d'infractions déférées à sa connaissance n'exigent pas de sa part une acuité juridique particulièrement aiguisée.

L'exigence d'une connaissance technique et précise. La diversité des affaires n'exonère pas le juge unique de rendre une justice de qualité. Il se doit de maîtriser chacun des contentieux relevant de sa compétence et comprendre les arguments présentés par des avocats parfois très spécialisés. Ces derniers peuvent déposer des conclusions de nullité finement argumentées, même dans le cadre de contentieux relativement simples, tel le domaine routier. En outre, le juge unique est désormais compétent pour statuer sur les requêtes en confusion de peines émises par les condamnés incarcérés. La technicité de ce domaine n'échappe à personne, pas même au législateur qui avait, jusqu'à la loi du 23 mars 2019, exclu les confusions de peines du champ du juge unique en matière

[166] DE MONTAIGNE (M.), *Les Essais*, éd. Gallimard, coll. Quarto, 2009, p. 906.

de requêtes, estimant que trois juges n'étaient pas de trop pour les traiter. L'octroi, total ou partiel, de cette mesure de faveur exige le calcul préalable du résultat de la confusion par le juge ; or, on ne compte pas moins de onze modalités de calcul distinctes selon la nature des peines portées à l'écrou. Et la faculté de renvoi vers la formation collégiale en cas de complexité du dossier est bien rare en pratique. Le temps disponible pour préparer les dossiers est maigre et celui pour faire des recherches en amont est rarissime. Il peut, fort heureusement, s'appuyer sur le procureur de la République qui est un conseiller de premier choix dans la détermination d'une peine adaptée et cohérente. Le juge unique peut aussi mettre le dossier en délibéré, le temps de consulter un collègue pour avis, ou de faire des recherches sur un texte. En tout état de cause, l'évolution du contentieux qu'il a à connaître a rendu obsolète la pratique des barèmes dans ces audiences. Outre les connaissances juridiques, le juge unique peut manquer d'informations relatives au prévenu pour déterminer la peine.

La neutralisation du risque et l'exigence d'individualisation. Le renouveau du critère de *dangerosité*[167] et l'essor de la notion de *risque*[168] ont modifié l'office du juge en matière pénale[169]. Le juge est désormais invité à apprécier le risque de récidive d'un individu, à se faire *risk manager*[170]. En

---

[167] DANET (J.), « La dangerosité, ou le retour d'une vieille tentation », *in La justice pénale entre rituel et management*, préc., pp. 49-73.

[168] CASTEL (R.), « De la dangerosité au risque », *Actes de la recherche en sciences sociales*, 47-48, 1983, pp.119-127. Pour l'auteur, le risque « *ne résulte pas de la présence d'un danger précis, porté par un individu ou même par un groupe concret. Il est un effet de la mise en relation de données abstraites ou facteurs qui rendent plus ou moins probable l'avènement de comportements indésirables* ». Ainsi, la notion de risque excède celle de dangerosité.

[169] ALIX (J.), « Une liaison dangereuse. Dangerosité et droit pénal en France », *in* LAZERGES (C.) et GIUDICELLI-DELAGE (G.) (dir.), *La dangerosité saisie par le droit pénal*, éd. PUF, 2015, pp. 55-65.

[170] GARAPON (A.), « Un nouveau modèle de justice : efficacité, acteur stratégique, sécurité », art. préc.

outre, l'exigence d'individualisation de la peine[171], appelée personnalisation dans le Code pénal et promue principe à valeur constitutionnelle sur le fondement de l'article 8 de la Déclaration des droits de l'homme et du citoyen (DDHC)[172], se fait plus insistante. Or, « *une pénalité qui prétend prendre effet sur les individus et leur vie ne peut pas éviter de se transformer perpétuellement elle-même* »[173]. Ainsi, le juge unique, bien que seul, est sommé de s'adapter. Cette double exigence d'endiguer le risque que représente l'individu tout en personnalisant sa peine a considérablement complexifié sa tâche. La première est fondée sur un objectif de neutralisation tandis que la seconde vise l'insertion sociale du condamné[174]. Défense sociale *versus* défense sociale nouvelle, en somme.

Le manque d'informations à disposition du juge unique. Outre cette difficulté idéologique quant au foyer de sens sur lequel il doit bâtir sa peine, le juge unique manque de données. D'une part, les dossiers sont bien maigres de pièces. Le plus souvent, le juge unique n'a connaissance que de la situation pénale du mis en cause (B1 et fiche pénale), à l'exclusion de sa situation sociale faute d'enquête sociale rapide jointe au dossier. Il ne dispose que de la citation afin de vérifier la régularité de sa saisine, d'un exemplaire de la procédure et, le cas échant, de conclusions de constitution de partie civile ou de nullité. D'autre part, on remarque que l'assistance d'un conseil, facultative en matière délictuelle, se fait plus rare dans les audiences à juge unique que devant la formation collégiale : il est commun que les prévenus se

---

171 Pour une critique de l'individualisation, V. GARAPON (A.) et SALAS (D.), « Pour une nouvelle intelligence de la peine », *Revue Esprit*, 1995, p. 145-161. V. aussi PONCELA (P.), « Le droit des aménagements de peine, essor et désordre », *Criminocorpus, revue d'Histoire de la justice, des crimes et des peines*, 2013.

172 Cons. const., décision n° 2007-554 DC du 9 août 2007.

173 FOUCAULT (M.), « Contre les peines de substitution », *Libération*, 1981, vol. 18.

174 ANCEL (M.), « Le rôle social du juge », *Rev. Pénit.* 1962, p. 619.

défendent seuls, voire ne comparaissent pas. Aussi, il est difficile pour le juge unique de choisir et calibrer une peine sans les informations élémentaires et les questions qu'il se pose peuvent demeurer sans réponse. *Le prévenu travaille-t-il ? Quels sont ses charges et revenus ? A-t-il des enfants à charge ? A-t-il, le cas échéant, entamé des soins ?* D'autres questions sont soulevées lorsque le juge statue sur requête et que le requérant n'apporte pas d'éléments suffisants à l'appui[175]. À défaut de ces éléments, *a fortiori* si le prévenu n'est ni comparant ni représenté, le juge unique statue en aveugle et est impuissant à remplir correctement son rôle. Il ne voit pas celui qu'il juge, ni ce qu'il juge et, *de facto*, ignore comment le juger.

Les mutations du rituel de l'audience correctionnelle. Le rituel de l'audience correctionnelle traditionnelle est bousculé, décalé. Diviser le nombre de juges par trois, c'est recentrer l'attention sur un seul. Aussi, le juge unique siège seul sur la longue estrade. Point de fuite des lignes d'un mobilier dépouillé, le sentiment de solitude n'en est que plus fort. Ce dépouillement participe à l'abaissement du degré de solennité de l'audience correctionnelle. Celui-ci varie également selon la personnalité du juge. Il faut toutefois noter que la dimension solennelle et intimidante est moins nécessaire dans les audiences à juge unique que les collégiales au regard des infractions traitées (infractions routières, violences légères, petits vols, *etc.*). En outre, un décalage entre

---

[175] Dans le cadre d'une requête en exclusion de mentions au B2, le projet professionnel allégué par le requérant peut être imprécis, le paiement de ses amendes et droits fixes de procédure peut ne pas être justifié, *etc.* Il en va de même lorsque, pour prononcer une confusion de peines, le juge unique n'est pas en mesure de s'assurer que le détenu soit investi dans un projet de sortie, alors même que l'opération avancera la date de fin de peine, ou qu'il puisse se justifier sur d'éventuels compte-rendus d'incidents. En effet, le service pénitentiaire d'insertion et de probation (SPIP) ne fournit pas de rapport ponctuel d'information en matière de requête. Seul un bref témoignage du représentant de l'administration pénitentiaire (RAP) est joint au dossier.

les usages rituels et le contexte réel est perceptible, lorsque le juge unique énonce que « *le tribunal va rendre sa décision* » puis que « *le tribunal condamne* » alors même qu'il statue seul et parfois en chambre du conseil. C'est comme une mise en scène contemporaine à plateau nu d'une pièce d'époque, qui ôte au phrasé sa puissance. Par ailleurs, le juge unique peut facilement paraître dépassé : il doit gérer seul, et simultanément, les questions qu'il adresse aux parties, être attentif à leurs réponses, tout en parcourant le dossier pour préparer la question suivante, fluidité des débats oblige. L'instruction d'audience est plus aisée en formation collégiale, où les assesseurs attentifs peuvent apporter leur concours aux questions posées et en écouter les réponses. *A contrario*, il n'est pas rare qu'une audience à juge unique soit moins dynamique et davantage ponctuée de pauses marquant les temps d'introspection du juge. Toutefois, cette observation doit être nuancée par le propos de certains juges assurant la présidence de formations collégiales, qui témoignent du fait que la qualité de la collégialité dépend de l'investissement intellectuel des assesseurs et qu'à défaut ils peuvent se sentir très seuls. Enfin, l'expression des personnalités de chacun semble plus forte dans le cadre des audiences à juge unique (que ce soit dans le sens d'une affirmation ou d'un effacement de soi) et en particulier celle du représentant du ministère public qui a davantage tendance à intervenir, formuler des observations ou poser des questions. En outre, le juge unique semble adopter une posture volontaire et particulièrement attentive lors des plaidoiries et réquisitions[176]. Ces mutations du rituel illustrent le manque de connaissances, parfois juridiques, mais essentiellement factuelles, dont souffre le juge unique pour

[176] Ce témoignage est issu d'observations menées au sein d'une juridiction, mais il serait hâtif, et sans doute inexact, d'en tirer des conclusions générales sur le déroulé des audiences à juge unique. Ces remarques sont sujettes à variation selon les relations interpersonnelles existant entre le juge et le procureur de la République, et selon la personnalité de chaque protagoniste.

déterminer une peine satisfaisante. Cette solitude, perceptible à l'audience, peut initier le passage d'un rituel solennel à un rituel participatif, entre juge et parties. Une fois la peine prononcée, le juge unique ferme le dossier dont il n'entendra plus parler, et passe au suivant.

§ 2. Un juge unique isolé de la phase succédant le jugement

La phase post-sententielle traduit, non plus une présence imparfaite, mais une parfaite absence de l'information à disposition du juge unique. Il ignore tout de l'avenir de la peine qu'il prononce : quand et comment elle sera exécutée (A.) et si elle sera aménagée (B.).

A. Un juge unique ignorant les modalités d'exécution de la peine

L'exécution des peines par le procureur de la République. L'exécution des peines est une prérogative du ministère public[177]. Un juge ne peut pas réformer ses propres décisions. Cette règle découle de la séparation des autorités de jugement et d'exécution, de la nécessité d'assurer l'autorité de la chose jugée et l'impartialité de la juridiction qui statue.

L'exercice éventuel de voies de recours. Le délai d'exercice des voies de recours suspend l'exécution de la peine. La peine est exécutoire – donc exécutable – à l'expiration du délai d'appel ou d'opposition[178]. Ainsi, la date à laquelle la peine est ramenée à exécution dépend de l'exercice ou non des voies de recours, hors les cas d'exécution

---

[177] Art. 32 C. proc. pén., al. 3, le ministère public « *assure l'exécution des décisions de justice* ».

[178] Art. 708 C. proc. pén., al. 2, la peine est exécutoire lorsqu'elle est définitive. Toutefois, le délai d'appel du procureur général ne fait pas obstacle à l'exécution de la peine, en vertu des art. 505 et 548 C. proc. pén.

provisoire[179]. Ainsi, sauf exercice des voies de recours, le juge sait quand sa peine sera exécutée et *a fortiori* s'il a prononcé l'exécution provisoire. Toutefois, si un appel est interjeté ou une opposition formée contre sa décision, le juge n'en sera pas informé. Par ailleurs, il ignore la teneur des éventuelles contestations des parties, ou de ses collègues du parquet, formulées à l'encontre de sa décision. Il ignore également l'avis de la cour d'appel sur sa jurisprudence, tout comme la proportion de ses décisions qui sont infirmées. Cette méconnaissance prive le juge unique d'un regard critique sur son travail, qui, peut-être, améliorerait la qualité de sa décision et lui permettrait d'uniformiser sa jurisprudence sur celle des juridictions du ressort de la cour d'appel. Et certains juges manifestent leur frustration vis-à-vis du « *manque de fléchage* » de la cour d'appel et sont en réelle demande sur ce point[180].

La méconnaissance de certaines conséquences de la peine. Le juge qui a prononcé une peine peut ignorer certaines conséquences qui lui sont automatiquement rattachées. C'est le cas de l'inscription du condamné à un fichier judiciaire automatisé, en raison de la nature de l'infraction qu'il a commise[181], ou de son état de fuite[182].

---

179 L'exécution provisoire, prévue par l'art. 471 C. proc. pén., al. 4, est l'exécution immédiate de la décision de justice.

180 Propos recueillis lors d'un entretien : « *Non seulement on n'a pas connaissance de ce que devient la peine, mais on n'a même pas connaissance de l'appel fait sur notre décision. Moi c'est quelque chose que je réclame mais il y a une organisation qui fait que c'est trop compliqué de retrouver le juge qui a rendu la décision en première instance. Moi je suis assez frustrée de ne pas connaitre l'avis de la cour d'appel sur mes décisions. Il y a un réel manque de fléchage sur ce point* ».

181 Art. 706-25-4 C. proc. pén., prévoyant l'inscription au Fichier Judiciaire National Automatisé des Auteurs d'Infractions Terroristes (FIJAIT) ; art. 706-53-2 C. proc. pén., prévoyant l'inscription au Fichier National Automatisé des Auteurs d'Infractions Sexuelles et violentes (FIJAIS).

182 Art. 74-2 C. proc. pén., prévoyant l'inscription au Fichier des Personnes Recherchées (FPR).

Les cas d'inexécution de la peine. Enfin, la peine prononcée par le juge peut ne pas être ramenée à exécution : la prescription de la peine est acquise[183], la peine prononcée est illégale[184]. Le service de l'exécution des peines contrôle la régularité des peines prononcées avant de les exécuter. Il arrive ainsi que le juge prononce une peine impossible ou non encourue, une peine qui excède le maximum légal, une peine en vertu d'une loi non promulguée à l'époque des faits, qu'il ne respecte pas le principe de non-cumul des peines ou qu'il révoque un sursis non avenu. Il arrive enfin que l'illégalité naisse au cours de la mise à exécution : peines non avenues, déjà exécutées ou confondues[185]. Le procureur peut déceler lui-même l'irrégularité avant de transmettre la fiche casier au casier judiciaire national (CJN). Si la fiche a déjà été envoyée, le CJN informe le parquet en lui en faisant retour aux fins d'instruction[186]. Lorsque la peine a déjà été ramenée à exécution, le parquet requiert le retrait de la mention auprès du CJN. En tout état de cause, le juge n'est pas officiellement informé du caractère illégal de la peine qu'il a prononcée. Le juge unique est, semble-t-il, plus exposé à commettre ce type d'erreur de droit en raison de l'absence d'échanges sur la peine avec d'autres juges dans le cadre d'un délibéré. En outre, il rend le plus souvent ses décisions sur le siège ; si cela permet au procureur de signaler dans l'instant une irrégularité, cela peut également précipiter la réflexion. Toutefois, les erreurs arrivent aussi en formation collégiale.

En définitive, si l'ensemble de ces remarques s'applique à tout le siège, elles semblent plus prégnantes lorsque le juge est seul et *de facto* plus exposé au risque d'erreurs. Ces aléas dans

---

[183] Art. 133-1 C. pén., al. 2.

[184] Crim., 27 avril 2004, n° 03-85.288 : Bull. crim 2004, n° 98 : l'illégalité d'une peine est un moyen péremptoire d'ordre public pouvant être relevé à tout moment par un magistrat et interdisant sa mise à exécution.

[185] GRIFFON (L.), *Guide de l'exécution des peines*, éd. LexisNexis, 2017, pp. 102-105.

[186] *Ibid.*, pp. 114-115.

l'exécution de la peine participent à creuser l'écart entre la peine prononcée et celle exécutée. Et cet écart n'en est que plus fort lorsque la peine est aménagée.

B. Un juge unique ignorant les modalités d'application de la peine

Les différents moments de l'aménagement de peine. D'une part, les aménagements peuvent survenir au moment du prononcé de la peine. Sont alors concernées les peines d'emprisonnement inférieures ou égales à un an[187]. La peine pourra être aménagée *ab initio*, ou à défaut par le JAP saisi au titre de l'article 723-15 du C. proc. pén. D'autre part, la peine peut être aménagée au cours de son exécution.

Des aménagements 723-15 plus fréquents. Les aménagements de peine sont fréquents de manière générale. Et ils sont quasi-systématiques en matière de peine privative de liberté prononcée par un juge unique : la peine encourue étant plus basse *de jure*, celle prononcée l'est également *de facto*. Les peines prononcées excédant rarement un an, leur aménagement immédiat est donc plus fréquent que les peines prononcées par les formations collégiales, où les *quanta* sont plus élevés. Aussi, un juge unique est plus exposé à l'aménagement 723-15 des peines d'emprisonnement qu'il prononce.

---

[187] Art. 723-15 C. proc. pén., nouveau, en vigueur le 24 mars 2020, remplaçant le *quantum* maximal de deux ans par un *quantum* d'un an. Il n'y a donc plus de distinction avec les condamnés récidivistes. L'art. prévoit que « *Les personnes non incarcérées [...], condamnées à une peine inférieure ou égale à deux ans d'emprisonnement ou pour lesquelles la durée de la détention restant à subir est inférieure ou égale à deux ans [remplacé par « un an » au 24 mars 2020] [...]bénéficient [...] d'une semi-liberté, d'un placement à l'extérieur, d'un placement sous surveillance électronique, d'un fractionnement ou d'une suspension de peines, d'une libération conditionnelle ou de la conversion prévue à l'article 132-57 du code pénal* ».

Le difficile aménagement *ab initio* à défaut d'éléments suffisants. La volonté affirmée du gouvernement de renforcer l'efficacité des peines passe par le rétablissement d'une cohérence entre peine prononcée et peine exécutée[188]. Si le principe est louable, les mesures adoptées par la loi du 23 mars 2019 demeurent discutables. D'une part, le seuil maximal d'aménagement 723-15 passe de deux à un an. En outre, l'aménagement *ab initio* des peines supérieures à un mois et jusqu'à un an d'emprisonnement devient le principe. Pour ces peines, l'aménagement 723-15 est l'exception, et l'exécution en la forme ordinaire, l'exception de l'exception[189]. Or, un tel aménagement sur le siège exige que le juge soit en possession de pièces suffisantes pour y voir clair et aménager utilement la peine[190]. Les aménagements possibles sont la nouvelle peine de

---

[188] Le Président de la République a insisté sur ce point à l'occasion d'un discours à l'École Nationale de l'Administration Pénitentiaire (ENAP), le 6 mars 2018 : « *En transformant trop souvent une peine d'emprisonnement prononcée par un juge en audience publique en une autre par un autre juge dans son cabinet, on déresponsabilise quelque part toute la chaîne judiciaire* » et, plus loin, « *Cette effectivité c'est de s'assurer qu'une peine telle qu'elle est prononcée a vocation à être exécutée* ».

[189] Art. 464-2 C. proc. pén., nouveau : « *Lorsque la durée totale de l'emprisonnement ferme prononcé, y compris en tenant compte le cas échéant de la révocation de sursis, est inférieure ou égale à un an, le tribunal correctionnel doit : 1° Soit ordonner que l'emprisonnement sera exécuté sous le régime de la détention à domicile sous surveillance électronique, de la semi-liberté ou du placement à l'extérieur, selon des modalités déterminées par le juge de l'application des peines ; 2° Soit, s'il ne dispose pas des éléments lui permettant de déterminer la mesure d'aménagement adaptée, ordonner que le condamné soit convoqué devant le juge de l'application des peines et le service pénitentiaire d'insertion et de probation conformément aux dispositions de l'article 474, afin que puisse être prononcée une mesure mentionnée au 1° du présent I conformément à l'article 723-15* ».

[190] HEIDSIECK (A.), « Pour aménager une peine ab initio il faut muscler les enquêtes pré-sententielles », *Dalloz actualité*, 24 janvier 2019, une magistrate témoigne de l'impossibilité d'aménager *ab initio* sans disposer des informations élémentaires sur le prévenu. Elle indique l'utilité que pourrait présenter la généralisation du dossier de personnalité dématérialisé pour l'ensemble de la chaîne pénale, ainsi que la faculté de prononcer sur le siège le principe d'un aménagement *ab initio*, tout en délégant les modalités concrètes d'aménagement au JAP.

détention à domicile sous surveillance électronique (DDSE), la semi-liberté (SL) et le placement extérieur (PE), afin que « *le condamné puisse exercer une activité professionnelle, suivre un enseignement, un stage, une formation ou un traitement, rechercher un emploi ou participer à la vie de famille ou à tout projet d'insertion ou de réinsertion* »[191]. Le juge a donc, de toute évidence, besoin de justificatifs pour aménager (contrat de travail et horaires, livret de famille, justificatif de domicile, *etc.*). Et pourtant, à peine deux semaines après la promulgation de la loi, la Cour de cassation rend un arrêt où elle estime que la seule présence du prévenu à l'audience, en ce qu'elle permet au juge de l'interroger sur sa situation personnelle, est suffisante pour aménager *ab initio* la peine[192]. La décision, qui s'inscrit tout à fait dans l'esprit de la réforme, a de quoi étonner. D'une part, si la procédure d'audience est orale et accusatoire, l'écrit permet de donner corps aux mots et la production de pièces écrites est essentielle pour que le juge puisse s'assurer librement de leur bien-fondé. Et ce d'autant plus que les mesures d'aménagement nécessitent des vérifications préalables[193]. D'autre part, le prononcé d'une peine, tout comme son aménagement, relèvent de la libre appréciation du magistrat. Et, sur ce point, la chambre criminelle va encore plus loin que la loi. En effet, si la loi désigne l'aménagement *ab initio* comme principe, elle permet au

---

191 Art. 132-26 C. pén.

192 Crim., 9 avril 2019, n° 18-83.874. Dans cette affaire, une cour d'appel a confirmé un jugement de première instance qui n'avait pas aménagé *ab initio* une peine, au motif que « *la cour est dans l'impossibilité matérielle d'ordonner un tel aménagement en l'absence d'élément précis sur la situation professionnelle de l'intéressé* ». La chambre criminelle a cassé l'arrêt d'appel en estimant que « *Monsieur X…, présent à l'audience, pouvait répondre à toutes les questions des juges leur permettant d'apprécier la faisabilité d'une mesure d'aménagement, la cour d'appel n'a pas justifié sa décision* ».

193 La nouvelle peine de détention à domicile sous surveillance électronique (DDSE) nécessite pour le juge de s'assurer que le prévenu à un domicile et/ou que la personne chez qui il réside consent à la mise en œuvre de la mesure. De même, une semi-liberté ou un placement extérieur sont accordés si le prévenu peut justifier d'un travail, d'une formation professionnelle, *etc.*

juge de l'écarter à défaut d'éléments suffisants, au profit de la procédure 723-15. Et la Cour de cassation vient encadrer cette appréciation des éléments suffisants, estimant que la présence du prévenu permet au juge de vérifier les informations utiles pour prononcer un aménagement. Le message est clair : les juges sont vivement invités à procéder à ces aménagements et l'absence de pièce de fond ne permet pas, lorsque le prévenu comparait, de s'y opposer. Voilà qui va exiger des juges un travail rédactionnel de haut vol, pour justifier tant bien que mal l'impossibilité matérielle d'aménager *ab initio*. Et le juge unique en pâtira d'autant plus que très peu de pièces sont produites à ses audiences. On voit ici comment la politique d'aménagement des peines, fondée sur l'individualisation de la sanction, répond désormais à un enjeu d'efficacité et de crédibilité à court terme de la justice. Le risque est de voir fleurir des aménagements *ab initio* incohérents au regard de la situation du condamné, qui exigeront un réaménagement ultérieur, tant que davantage de moyens ne sont pas donnés pour faire des enquêtes pré-sententielles de qualité.

Le réaménagement des peines aménagées *ab initio*. Si le juge unique a aménagé la peine *ab initio*, cela n'exclut pas un nouvel aménagement au cours de l'exécution de la peine.

L'aménagement des peines au cours de l'exécution. Que ce soit au cours de l'exécution, ou en application de l'article 723-15 C. proc. pén., le JAP peut aménager la peine. Il statue sur requête ou sur réquisitions du ministère public, après débat contradictoire[194]. Cela permet d'adapter la peine à la situation du condamné, en cas d'évolution (obtention d'un contrat de travail, naissance d'un enfant, dégradation de la santé, non-respect des obligations, *etc.*) ou afin de permettre une réintégration progressive du détenu dans la société. Ici, la peine

---

[194] Le débat se déroule directement au centre pénitentiaire si le condamné est détenu. Les débats du milieu ouvert se déroulent en juridiction.

telle que prononcée par le juge unique sera d'abord exécutée comme telle, mais modifiée au cours de l'exécution.

En définitive, il arrive bien souvent que la peine prononcée par le juge unique ne soit pas celle exécutée par le condamné. La frustration née du sentiment des juges de ne statuer que « provisoirement » en l'attente d'un aménagement futur est exacerbée dans le cas du juge unique : les peines privatives de liberté qu'il prononce sont davantage susceptibles d'être aménagées et les informations disponibles à l'audience sont plus rares, bien qu'indispensables pour prononcer un aménagement doté de sens. Cette discordance entre peine prononcée et peine exécutée participe à la perte de sens de l'office des magistrats du siège. Cette perte de sens, au moment de statuer, est d'autant plus forte que l'isolement du juge se prolonge au-delà de sa juridiction.

Section 2. Un juge unique isolé au-delà de sa juridiction

L'isolement du juge unique se prolonge, en raison de son éloignement progressif du justiciable (§1.) et de son absence de participation à l'élaboration de la politique pénale et criminelle (§2.). Il s'agit ici d'étudier le relâchement du lien entre le juge et ces acteurs, au-delà du tribunal qu'il compose.

§ 1. Un juge unique isolé du justiciable

Le juge unique est de plus de plus mis à distance du justiciable (A.) ce qui affecte les représentations qu'ils se font l'un de l'autre (B.).

A. Un juge unique mis à l'écart du justiciable

L'absence de lien physique entre juge unique et justiciable. Le lien physique est entendu au sens de relation directe exprimée par les sens : c'est le fait de se voir, s'entendre, se parler. Or, le juge unique est de plus en plus sollicité au titre des procédures simplifiées de jugement : ordonnance pénale et CRPC. Dans le premier cas, le juge ne rencontre pas le justiciable, malgré la faculté de le faire que la loi lui réserve[195]. Lorsqu'il statue par voie d'ordonnance, il examine les seules pièces au dossier, sans davantage d'instruction. Cette procédure de l'ordonnance pénale marque une rupture nette du lien physique unissant le justiciable à son juge. Il n'y a aucune communication entre eux.

Le relâchement du lien physique entre juge unique et justiciable. Dans la procédure de CRPC le lien est relâché. Il y a rencontre, mais il n'y a ni discussion ni échange. Le justiciable comparait rapidement et les questions que le juge lui pose sont relativement normées. La communication est restreinte à un schéma préétabli.

L'accélération du temps d'audience. Dans le cas des audiences correctionnelles à juge unique, la distance entre juge et justiciable se traduit par la diminution du temps disponible pour la communication directe. L'instruction par le juge unique est courte, sinon expéditive. En effet, les audiences à juge unique sont très chargées, à raison d'une vingtaine de dossiers par audience. En matière de gestion du temps d'audience, le principe est celui d'un calibrage effectué par le parquet lors de l'orientation. La circulaire ministérielle « *Marylise Lebranchu* » du 6 juin 2001[196], relative à la durée des audiences, indique que les audiences correctionnelles ne

[195] Art. 398-2 C. proc. pén., al. 3.

[196] Circulaire n° SJ-01-134 du 06 juin 2001 relative à la durée des audiences, par Marylise LEBRANCHU, Garde des Sceaux : « *Il est fréquent que la durée des audiences, de quelque nature qu'elles soient, excède des limites raisonnables. Il convient donc de vous assurer qu'en principe, la durée de ces audiences commençant en début de matinée ou d'après-midi n'excède pas 6h, cette durée incluant le temps du délibéré des affaires évoquées le même jour. Lorsque ces audiences sont organisées sur plus d'une demi-journée, elles ne doivent pas dépasser, en principe, la durée de 8h* ».

doivent pas dépasser des « *limites raisonnables* ». Celles-ci sont fixées à six heures maximum, délibéré inclus. Or, bien souvent, le parquet ne tient pas compte du temps de délibéré dans le calibrage et évalue à la baisse le temps nécessaire à chaque dossier dans le tableau d'audiencement[197]. Il y a là une divergence d'intérêts entre siège et parquet : le premier fait valoir le temps dont il a besoin pour instruire l'affaire et délibérer, tandis que le second tente de placer un maximum de dossiers par audience, quitte à en réduire le temps prévisionnel. Le temps estimé ne correspondant pas au temps réel, il en résulte un allongement considérable de la durée de l'audience. En réponse, le siège accélère la cadence et le temps disponible pour chaque dossier, donc pour chaque justiciable, en est réduit d'autant.

Un manque d'informations sur le justiciable. Le juge unique a peu d'éléments à disposition concernant la condition sociale et personnelle du justiciable. Peu de pièces sont produites et le dialogue lui permettant d'approfondir certaines interrogations est enchâssé dans un temps restreint.

B. Le brouillage des représentations réciproques

La représentation par le juge du justiciable. Pour le magistrat devant statuer, ce manque de connaissance a pour conséquence qu'il ignore la personnalité de celui qu'il juge. Et à défaut de connaître le *qui*, il recentre son appréciation sur le *quoi* : l'acte. La cote « personnalité » d'un dossier est centrée, paradoxalement, sur les antécédents pénaux. L'acte sera apprécié par rapport à d'autres actes et la personnalité est occultée. L'absence de dialogue peut mettre en difficulté le magistrat pour qualifier l'infraction, lorsque les faits sont discutables, puis pour calibrer la peine. En revanche, le fait de

[197] À titre d'exemple, le calibrage du temps en matière de violences est aux alentours d'une trentaine de minutes, y compris s'ils ont fait l'objet d'une information préalable et/ou si plusieurs témoins et experts sont cités.

ne pas voir la personne peut participer à éviter la mise en œuvre de préjugés dans l'esprit du juge unique, sur la base de stéréotypes qui lui échappent[198]. En ce sens, la distance permettrait d'objectiver la décision judiciaire.

La représentation par le justiciable de son juge. Côté justiciable, le fait d'être éloigné du magistrat modifie également la représentation qu'il peut s'en faire. En effet, dans le cadre des procédures pénales négociées, c'est avec le procureur de la République qu'il évoque la question de la reconnaissance des faits et de l'acceptation de la peine. Ainsi, après les enquêteurs, l'interlocuteur privilégié du justiciable est désormais le procureur de la République. La comparution devant un juge est réservée aux cas les plus lourds : récidive ou gravité de l'infraction commise. Cette multiplication des schémas procéduraux participe à brouiller la représentation que le justiciable a de son juge, voire à opérer une confusion dans son esprit entre juge et procureur. Enfin, lorsque le jugement se fait par ordonnance, le justiciable reçoit la décision chez lui ou par l'intermédiaire de son avocat. Le sentiment d'avoir été jugé est alors atténué.

§ 2. Un juge unique isolé de l'élaboration de la politique pénale et criminelle

Le juge unique, tout comme ses homologues du siège, s'illustre par son absentéisme au sein des partenariats locaux (A.) en raison de l'impartialité dont il doit faire montre et de son indépendance vis-à-vis du gouvernement et des exécutifs locaux (B.).

---

198 V. par ex., DOWNS (A. C.), LYONS (P. M.), « Natural observations of the links between attractiveness and initial judgements », *Personality Social Psychology Bulletin*, n° 17, pp. 541-547. Les auteurs de cette étude évoquent l'impact des stéréotypes (ici, l'attractivité physique) sur le processus décisionnel.

A. Un siège absent des dispositifs locaux de prévention de la délinquance

La mise en place de partenariats au niveau local. La coproduction de la sécurité est une doctrine d'action publique mise en place dans les années 80, visant à faire travailler en partenariat les acteurs[199] intervenant dans le champ de la prévention de la délinquance[200]. Ces espaces se sont multipliés[201], mais l'efficience de leur mise en œuvre dépend de l'investissement des personnes qui les occupent. Or, la représentation de l'institution judiciaire est assurée de façon inégale entre siège et parquet, en faveur de ce dernier.

Un siège absent des partenariats locaux. Les juges de jugement participent très peu à ces dispositifs[202]. Le constat d'une présence sporadique et relativement rare remonte aux premiers CCPD[203]. Leur présence est également formelle en ce qu'ils manifestent une frilosité à participer plus activement aux débats. Cet absentéisme empêche les autres acteurs de bénéficier de leur expérience. Et réciproquement, le siège se prive d'une véritable compréhension de la politique criminelle locale. Il est ainsi étonnant, voire déraisonnable, que la

---

[199] Y sont représentés les préfectures, mairies, associations, services de police, institution judiciaire, *etc.*

[200] GAUTRON (V.), « La coproduction locale de la sécurité en France : un partenariat interinstitutionnel déficient », *Champ pénal*, Vol. VII, 2010.

[201] Ont d'abord été mis en place, au début des années 1980, les conseils communaux de prévention de la délinquance (CCPD). On retrouve aujourd'hui les conseils locaux de sécurité et de prévention de la délinquance (CLSPD) institués par le décret n° 2002-999 du 17 juillet 2002, les conseils départementaux de prévention (CDP) institués par le décret n° 2006-665 du 7 juin 2006 et les états-majors de sécurité (EMDS) issus de la circulaire de la DACG du 7 septembre 2009.

[202] GAUTRON (V.) et RETIÈRE (J.-N.), « L'implication des juridictions dans les dispositifs locaux de coproduction de la sécurité », *in* DANET (J.) (coord.), *La réponse pénale. Dix ans de traitement des délits*, préc., p. 374.

[203] FAGET (J.), *Justice et travail social, le rhizome pénal*, éd. Erès, coll. Trajets, 1992, p.121.

connaissance par le siège des spécificités de la délinquance locale ne soit issue que de la lecture de la presse, d'éventuelles discussions de couloirs et des discours prononcés lors de l'audience solennelle de rentrée.

L'institution judiciaire représentée par le parquet. Les parquetiers sont, quant à eux, présents sur la scène locale et assument la fonction de représentation de l'institution[204]. Ils assistent de façon régulière aux dispositifs mis en place, afin de fixer les priorités de la commune au regard des spécificités de la délinquance locale. Ils entretiennent, par ailleurs, des relations bilatérales avec les différents services de l'État (Douanes, Éducation nationale, *etc.*), les associations sociojudiciaires, *etc.*, dans le cadre de conventions. Cet investissement permet de faire connaître les pratiques de l'institution et de conforter sa légitimité. Néanmoins, l'image auprès des partenaires locaux est celle d'une justice isolée, aveugle, sans analyse de son territoire, qui ne peut faire ni le bilan du passé, ni de prospective[205].

B. Une absence justifiée par l'indépendance du corps

L'indépendance du juge. L'attitude de retrait, voire de défiance, du siège à l'égard de ces partenariats est fondé sur son souci de garantir sa parfaite indépendance et son impartialité. L'indépendance de l'autorité judiciaire est un principe à valeur constitutionnelle, découlant de la séparation des pouvoirs. Le recueil des obligations déontologiques des

---

[204] *Ibid.*, pp. 367-371.

[205] Rapport du groupe de travail présidé par MARSHALL (D.) à Mme la garde des sceaux, ministre de la justice, « Les juridictions du XXIe siècle », décembre 2013, p. 26 : « *Le constat doit être fait d'une justice fonctionnant toute seule, affaire par affaire, de manière isolée, sans réflexion, ni vision globale et territorialisée* ».

magistrats[206] énonce, en son chapitre premier, paragraphe 8, que : « *Les magistrats préservent leur indépendance vis-à-vis des pouvoirs exécutif et législatif, en s'abstenant de toute relation inappropriée avec leurs représentants* » et, paragraphe 9, que « *s'ils appartiennent à un même corps et exercent leurs fonctions dans un même lieu, les magistrats du siège et du parquet conservent et marquent publiquement leur indépendance les uns vis-à-vis des autres* ». Aussi, ce principe d'indépendance explique la frilosité des magistrats du siège à s'exposer publiquement aux côtés de leurs homologues du parquet et à échanger librement avec des représentants du gouvernement. Et quand bien même le fait de s'investir dans ces dispositifs n'atteint pas leur indépendance profonde vis-à-vis des pouvoirs exécutif et législatif, cela peut mettre en cause leur image aux yeux du public et des institutions. C'est là le passage de la notion d'indépendance (le statut professionnel) à celle d'impartialité (la déontologie et l'éthique personnelle).

L'impartialité du juge. L'impartialité est l'obligation pour le magistrat de se défaire de tout préjugé[207]. Elle est un droit pour le justiciable, en vertu de l'article 6 de la Convention européenne de sauvegarde des droits de l'Homme et des libertés fondamentales[208] et permet le respect du principe d'égalité des citoyens devant la loi[209]. La dimension subjective de l'impartialité incarne l'éthique intime du magistrat, intrinsèquement liée à sa personnalité. Le droit ne pouvant avoir de prise sur celle-ci, il en encadre les

---

[206] Recueil des obligations déontologiques des magistrats, édition 2019, p. 9.

[207] *Idib*, p. 10 : « *Le magistrat doit se tenir à équidistance des parties, de manière à rester impartial et objectif dans l'exercice de ses fonctions. Il ne suffit pas qu'il soit impartial dans l'exercice de ses fonctions, encore faut-il qu'il apparaisse impartial* ».

[208] Convention de sauvegarde des droits de l'Homme et des libertés fondamentales (Conv. EDH), art. 6, §1 : « *Toute personne a droit à ce que sa cause soit entendue équitablement, publiquement et dans un délai raisonnable, par un tribunal indépendant et impartial, établi par la loi [...]* ».

[209] Déclaration des Droits de l'Homme et du Citoyen (DDHC), art. 6 : « *[La loi] doit être la même pour tous, soit qu'elle protège, soit qu'elle punisse* ».

manifestations extérieures : c'est la dimension objective de l'impartialité. L'impartialité objective appartient à la déontologie : c'est le fait de *se montrer comme étant impartial*. C'est en vertu de cette impartialité objective, garante de l'indépendance et de légitimité des magistrats, que le siège s'efface de manière préventive des partenariats locaux. Il va craindre que sa participation lui soit reprochée, qu'on l'accuse d'être à la fois juge et partie à la politique pénale du parquet (répression) et à la politique criminelle de la commune et du gouvernement (prévention). Effectivement, on peut penser que si le siège s'investissait pleinement dans ces dispositifs, de nombreuses questions prioritaires de constitutionnalité seraient déposées par les avocats, arguant une violation de l'impartialité objective du juge.

Une impartialité réputée acquise dans les relations siège / parquet. Toutefois, une telle impartialité est parfaitement acquise le cadre de procédures dont l'issue est barèmisée, ou résulte d'un accord préalable entre le siège et le parquet. L'accord est, certes, pris au sein de l'institution judiciaire mais il tient compte des spécificités de la délinquance locale. Or, le parquet puise cette connaissance de son investissement au sein des dispositifs locaux. On peut donc penser que le siège, signataire de ces accords-cadres avec le parquet, devrait partager cette connaissance.

Des garanties identiques pesant sur le magistrat du parquet. Le recueil des obligations déontologiques des magistrats ne fait pas de distinction entre le siège et le parquet dans son chapitre sur l'indépendance : les mêmes dispositions s'appliquent à l'un et à l'autre. Ce constat peut étonner dans la mesure où l'indépendance du parquet n'est pas acquise en France. En outre, une même exigence d'impartialité pèse sur les représentants du ministère public[210]. Il existe donc une proximité déontologique entre siège et parquet. Dès lors, la

[210] Art. 31 C. proc. pén.

distance du juge vis-à-vis des dispositifs d'échanges pose question, en ce que le parquet, pourtant soumis à une identité de règles déontologiques, s'autorise à y participer activement.

L'indépendance comme frein. Il apparait ainsi que l'indépendance est un frein à l'implication des magistrats du siège dans les espaces d'échanges. L'exigence déontologique d'impartialité objective, induisant une parfaite neutralité dans l'exercice de leurs fonctions, entrave le dialogue qu'ils pourraient forger avec d'autres acteurs. Le juge opère ainsi une autorégulation par crainte d'être taxé d'iniquité. La déontologie des magistrats appelle à une telle prudence au regard des principes d'indépendance et d'impartialité[211].

L'indépendance comme facteur d'isolement du juge. Cette exclusion volontaire du siège au sein des espaces d'échanges traduit une divergence de culture professionnelle au sein de la magistrature. Or, entendue comme telle, l'indépendance des magistrats du siège et son corollaire qu'est l'impartialité objective, sont sources d'isolement. Isolement vis-à-vis des pouvoirs exécutif et législatif et leurs représentants, des médias, de l'opinion publique et, bien sûr, du parquet. Cette exigence d'impartialité avait justifié la mise en place de la collégialité comme principe d'organisation de nos juridictions. Elle permettait un dialogue des juges et un contrôle mutuel, à défaut d'échanges hors de leur corps.

Un isolement amplifié par le développement de l'unicité. Le développement de l'unicité ne s'est pas

---

[211] Rapport annuel d'activité 2018, Conseil Supérieur de la Magistrature (CSM), p. 184 : « *L'implication de l'institution judiciaire dans l'élaboration de diverses politiques publiques conduit le magistrat à développer des relations [...] avec les pouvoirs publics [...]. Ces relations sont nécessaires à une bonne insertion de la Justice dans son environnement institutionnel, économique et social. [...] Elles nécessitent néanmoins prudence et vigilance afin d'éviter que ces relations ne génèrent des conflits d'intérêts et ne portent atteinte aux devoirs d'indépendance et d'impartialité auxquels sont soumis les magistrats* ».

accompagné d'une évolution des cultures professionnelles et l'isolement a persisté. Il s'est même amplifié à l'échelle des magistrats devant désormais statuer seuls. Leur isolement s'étend jusqu'aux relations avec leurs collègues du siège. On se rend aujourd'hui compte que cet isolement du juge unique, dans sa dimension physique et intellectuelle, complexifie sa tâche juridictionnelle. Pointe également le risque d'une perte de sens de l'office du juge lorsque le lien avec son environnement s'amoindrit. Le sentiment de solitude qui prend corps chez le juge unique est ainsi source de souffrance au travail.

L'impératif d'un nouveau management de l'institution judiciaire. Ainsi, si la procédure s'est métamorphosée, les pratiques du siège sont demeurées inchangées – ou si peu. Face au parquet, le siège semble beaucoup plus réticent à voir les pratiques évoluer. De ce fait, l'écart avec le parquet s'accroit ; si bien qu'à ce jour l'existence de deux cultures professionnelles au sein de la magistrature relève du constat, menaçant ainsi l'unité du corps. Aussi, une partie du siège persiste à défendre un âge d'or judiciaire basé sur un rituel quasi archaïque, en opposition au management qui s'impose face à l'explosion du contentieux et les mutations de la procédure. Or, ces réticences freinent les évolutions internes au sein du siège. Il est toutefois impératif de s'interroger sur ces questions managériales, d'y sensibiliser le siège et de le faire participer au débat, en raison de la souffrance générée par l'isolement croissant de ces magistrats. Derrière ces enjeux évidents de bien-être au travail se cache celle, plus épineuse, de la qualité de la justice. Car la qualité du travail fourni dépend pour beaucoup de la confiance en soi du travailleur, de sa valorisation et sa responsabilisation par son employeur, de son sentiment d'utilité et de travail bien fait. C'est l'effet

Pygmalion[212] qui se prolonge de l'école à l'entreprise, car la stimulation des compétences par la confiance que l'on accorde à l'apprenant s'applique à tout âge. Chaque individu a besoin d'inscrire son action dans un ensemble doté de sens, un projet global optimiste : c'est le besoin interpersonnel d'inclusion[213]. S'il y parvient, il mènera une action volontaire et de qualité. La question du bien-être au travail est au cœur des réflexions managériales de la sphère privée[214], en raison de la recrudescence des pathologies liées à l'emploi, mais peine à intégrer la fonction publique d'État. Or, le management, en exaltant les performances individuelles, a accru la solitude des acteurs : si le privé tente d'y faire face, le public croule sous l'ampleur de la tâche. Toutefois, « *reconstruire des relations de confiance n'est pas impossible, mais cela suppose des transformations dans le management passant par un rééquilibrage entre références au travail vivant et références aux performances productives* »[215]. Il s'agit désormais de remettre l'humain au cœur de la pratique des institutions publiques, en interrogeant ses besoins d'interaction, de reconnaissance sociale et professionnelle, d'affection et de responsabilisation propre à tout homme et toute femme. Face à ces nouveaux enjeux, la solitude a bien peu d'avenir. Elle a conduit à la marginalisation structurelle et intellectuelle du juge unique. *A fortiori* dans la sphère judiciaire où les citoyens placent d'importantes attentes au

---

212 ROSENTHAL (R.), JACOBSON (L.), *Pygmalion à l'école : l'attente du maître et le développement intellectuel des élèves*, éd. Casterman, 1971. Voir également TROUILLOUD (D.), SARRAZIN (P.), « Les connaissances actuelles sur l'effet Pygmalion : processus, poids et modulateurs », *Revue Française de Pédagogie*, éd. INRP/ENS, 2003, pp. 89-119.

213 Le concept de besoin interpersonnel d'inclusion est développé par SCHUTZ (W.) et LECOMTE (J.), *L'élément humain: comprendre le lien entre estime de soi, confiance et performance*, éd. InterÉditions, 2006.

214 LACHMANN (H.), LAROSE (C.) et PENICAUD (M.), « Bien-être et efficacité au travail », *La Documentation Française*, 2010.

215 DEJOURS (C.), GERNET (I.), « Travail, subjectivité et confiance », *Nouvelle revue de psychosociologie*, vol. 13, n° 1, 2012, pp. 75-91.

vu des enjeux en présence. Il est grand temps qu'une réflexion sur un management plus respectueux au sein de l'institution voit le jour, quitte à repenser l'indépendance et dépasser ainsi la notion de juge unique.

2e PARTIE

VERS UN DÉPASSEMENT DE LA NOTION DE JUGE UNIQUE

L'isolement physique et intellectuel du juge unique a participé à l'abaissement de ses performances. Il est, de ce fait, moins armé face aux nouveaux modes de poursuites qui menacent de l'évincer de la scène judiciaire. Toutefois, être jugé en audience présente d'indéniables garanties pour le justiciable : d'une part, l'audience induit un déplacement au palais de justice, soit un échange direct avec le juge, et d'autre part, si le droit au juge n'exige pas une comparution en personne devant un juge[216], le prévenu comparait devant un membre de l'autorité judiciaire[217]. Il importe donc de réfléchir aux moyens d'augmenter la performance du juge unique, pour le crédibiliser face aux procédures simplifiées et éviter qu'on le

---

[216] Le droit au juge est un principe à valeur constitutionnelle depuis la décision n° 96-373 du 9 juin 1996 rendue par le Conseil constitutionnel. Il est interprété comme étant le fait « *qu'il ne doit pas être porté d'atteintes substantielles au droit des personnes intéressées d'exercer un recours effectif devant une juridiction* ». Il est un droit à un recours juridictionnel effectif, un droit d'agir en justice. Cette lecture extensive du droit au juge par le Conseil, permet de légitimer le recours aux modes simplifiés de poursuites. En effet, le cadre de ces procédures permet de saisir le tribunal correctionnel en cas d'échec de la mesure, ou sur opposition formée contre une OPD. Le recours effectif devant une juridiction est donc assuré, mais dans un second temps seulement. Alors qu'une comparution en audience à juge unique permet un contact direct et immédiat avec le juge.

[217] TEISSIER (S.), *Le juge unique en matière pénale*, Thèse Université Panthéon Sorbonne, 2003, p. 136.

contourne. Or, le talon d'Achille de la notion de juge unique est la solitude inhérente à ces fonctions. La remarque formulée, il y a plus de trente ans déjà, sur la solitude du juge d'instruction, qualifiée d'« *anachronique* » et « *ne répond [ant] plus aux exigences de notre temps* »[218], s'applique à la situation actuelle du juge unique correctionnel. C'est donc cette solitude qu'il convient de dépasser, dans ses dimensions physiques (Chapitre 1) et intellectuelles (Chapitre 2)[219].

---

[218] BADINTER (R.), « Une réforme de l'instruction », *Le Monde*, 6 septembre 1985.

[219] TEISSIER (S.), *op. cit.*, préc., p. 464 : « *Après s'être attaqué à la puissance des juges uniques, il est possible que le législateur s'en prenne, à terme, à leur solitude* ».

Chapitre 1. Le dépassement de la solitude physique du juge unique

« On est toujours seul quand on déserte l'homme parce qu'il n'y a que l'homme qui puisse être le compagnon de l'homme. »[220]

Pallier la solitude du juge unique, c'est freiner la mobilité des magistrats qui occupent ces fonctions (Section 1) et les accompagner par un réseau d'acteurs parajudiciaires (Section 2).

Section 1. La stabilisation du juge unique par la restriction de la mobilité

Depuis 2015, la Direction des services judiciaires (DSJ) et le Conseil supérieur de la magistrature (CSM) sont investis dans une importante réflexion autour de la mobilité des magistrats. Le point de départ fut le constat selon lequel l'excès de mobilité est nuisible au bon fonctionnement de l'institution. Dès lors, la rationalisation de la gestion des ressources humaines dans la magistrature, *via* notamment la

[220] CAMUS (A.), *Pléiade, Vol. II*, éd. Gallimard, coll. Bibliothèque de la Pléiade, 2008, p. 1670.

question de la mobilité, est un véritable défi[221]. Ce phénomène est au confluent d'enjeux de ressources humaines, de bien-être au travail, de qualité de la justice et d'identité professionnelle des magistrats (§1.). Le juge unique est, par son isolement, particulièrement visé par la mobilité (§2.).

§ 1. Le phénomène de mobilité des magistrats

La mobilité des magistrats a de multiples causes, au premier rang desquelles l'augmentation du nombre de postes vacants (A.). Cette hausse du taux de vacance au sein de l'institution judiciaire a stimulé les mouvements de magistrats, au détriment de l'organisation des services (B.).

A. Les causes de la mobilité

Des causes d'ordre personnel et professionnel. Le changement de poste ou de juridiction peut résulter d'un choix personnel : scolarité des enfants, parents vieillissants, impératifs professionnels du conjoint, *etc.* La mobilité est en ce sens intimement liée au parcours de vie du magistrat. La mobilité peut également être la conséquence de choix professionnels. Un magistrat peut tout simplement souhaiter changer de poste, estimant en avoir fait le tour. En outre, la mobilité est une condition d'avancement professionnel. Elle incarne ainsi une forme de stratégie, d'évitement ou d'avancement, propre au magistrat.

---

221 Dans son rapport annuel d'activité 2018, le CSM évoque la mobilité comme étant l'un des « *phénomènes qui, sous nos yeux et depuis plusieurs années, modifient au plus profond et au plus concret les formes d'exercice du métier de magistrat. Et donc la manière dont la Justice est rendue* ». Par ailleurs, dans cette même recherche d'optimisation de la gestion des ressources humaines, la fusion des TI et TGI réalisée par la loi du 23 mars 2019 apporte un progrès indéniable en décloisonnant la gestion des effectifs. Le travail des directeurs de greffe et chefs de juridictions en sera ainsi facilité. V. DANET (J.), *Brèves réflexions sur une réforme de la justice ambitieuse et sur ses enjeux profonds*, préc.

Une mobilité intégrée à la culture professionnelle des magistrats. De fait, les magistrats du siège sont moins sensibilisés à ces questions de mobilité en raison de leur inamovibilité. Ce principe signifie qu'ils ne peuvent être révoqués, suspendus, déplacés ou mis en retraite prématurément[222]. En outre, l'inamovibilité empêche de muter le magistrat sur un poste qu'il n'a pas demandé, même si ce poste correspond à la zone géographique ou à la fonction qu'il avait demandée. Ce principe constitue ainsi une protection et une garantie d'indépendance pour les magistrats du siège, qui ne peuvent être inquiétés par une mutation d'office. Mais désormais, « *l'inamovibilité institutionnelle du siège s'est vue sinon opposer du moins adjoindre l'incitation managériale à la mobilité* »[223] et, depuis une loi organique du 25 juin 2001[224], les magistrats sont incités à être davantage mobiles[225]. En effet, le CSM évoque le fait que « *la culture de la mobilité s'est largement diffusée dans l'ensemble du corps judiciaire* »[226] en raison de ses diverses vertus. Elle est perçue comme un moyen d'éviter la monotonie d'un poste et d'être un outil de remise en cause de ses pratiques personnelles. Elle permettrait d'éviter les connivences et partialités dues à une trop grande proximité entre magistrats et avec la population. En bref, elle servirait l'indépendance et l'impartialité du magistrat.

L'augmentation du taux de vacance de postes. Jusqu'à 2008, l'institution parvenait à maintenir un effectif stabilisé de magistrats (environ 8000) avec une compensation des flux sortants par les flux entrants. Cette stabilité a perduré malgré

---

222 CORNU (G.), *Vocabulaire juridique*, préc., p. 529.

223 DANET (J.), « Mouvements et mobilités d'un corps, une étude des transparences au siège et au parquet, années 2015-2016 », CSM, 2017.

224 Loi organique n° 2001-539 du 25 juin 2001 relative au statut des magistrats et au CSM.

225 DEMOLI (Y.), WILLEMEZ (L.), « Les magistrats : un corps professionnel féminisé et mobile », *Bulletin d'information statistique Infostat Justice*, avril 2018, n° 161.

226 Rapport annuel d'activité 2016, CSM, p. 40.

la massification du contentieux et la poussée démographique du début des années 2000[227] qui ont augmenté la charge de travail des juridictions. L'équilibre des effectifs a été menacé avec la prise de conscience qu'un nombre important de départs à la retraite, non anticipés, était à venir. Pesait alors le risque d'un sous-emploi considérable au sein de l'institution. La réponse a été d'augmenter le nombre de postes fixes dans la circulaire de localisation des emplois (CLE). Cette augmentation fictive du nombre de postes en juridiction a produit une hausse du taux de vacance, en raison de la pratique de la localisation anticipée des postes nouvellement créés[228]. Ce taux de vacance correspond à l'écart entre les effectifs théoriques localisés (issus de la CLE et incluant les auditeurs en formation) et les effectifs réels des magistrats affectés en juridiction. Aussi, malgré l'augmentation des recrutements à partir de 2013, le taux de vacance n'a pas été résorbé et culmine à 6 % en 2016. La Chancellerie a donc assoupli les critères de mobilité pour combler ce taux de vacance, en attendant que les auditeurs prennent leurs premières fonctions.

Une mobilité stimulée par la vacance de postes. La mobilité est le résultat de la rencontre entre une offre et une demande. L'offre correspond aux postes vacants à pourvoir à un moment donné, que la DSJ présente aux magistrats. L'offre englobe la vacance permanente, les divers congés temporaires, les départs à la retraite. L'augmentation de cette offre stimule la demande pour intégrer les postes libérés. Le flux de mobilité ainsi exalté provoque un phénomène de cascade des postes libérés : un poste libéré emporte un nouveau poste à pourvoir. En 2017, le CSM notait que « *depuis*

[227] Au 1er janvier 2017, la France comptait 66 991 millions d'habitants, en hausse de plus de 4 millions par rapport à 2005 (62 730 millions). V. INSEE, *Tableaux de l'économie française*, Insee Références, Édition 2017, p. 24-25.

[228] Rapport annuel d'activité 2016, CSM, p. 33.

trois années, c'est en moyenne plus de 20 % des postes en juridiction qui chaque année changent de titulaire »[229], ce qui caractérise un véritable *turnover*. Le taux de vacance ne se résorbe pas, et la mobilité augmente.

B. Les conséquences de la mobilité

Les effets néfastes sur la vie des juridictions[230]**.** La forte mobilité des effectifs rend plus difficile le travail en équipe entre magistrats, faute de connaissances interpersonnelles minimales. Elle ralentit ainsi la mise en œuvre de projets communs au sein de la juridiction[231]. Par ailleurs, elle peut freiner l'investissement des magistrats dans leurs fonctions et leur efficacité en raison du temps nécessaire à leur formation. La situation est également inconfortable pour les chefs de juridictions devant gérer leur structure à court terme, faute de visibilité sur la composition des équipes. Enfin, la vacance répétée de postes au sein de certains cabinets et services provoque un retard sur le traitement des dossiers, pouvant rester de longs mois sans être ouverts. La fluidification des règles de mobilité, qui alimente la situation de vacance en rendant les mouvements de rotations plus fréquents, a ainsi des conséquences délétères sur l'activité des services.

Les effets néfastes sur la vie des magistrats. La mobilité peut entraîner de lourdes conséquences dans les cas où elle est subie. Si la famille est en mesure de suivre le magistrat, un déménagement s'impose. *A contrario*, la mobilité provoquera une situation d'éloignement familial, voire d'isolement pour le magistrat.

---

229 *Ibid.*, p. 38.

230 Rapport annuel d'activité 2017, CSM, p. 30.

231 Rapport annuel d'activité 2016, CSM, p. 43 : « *Le développement des logiques de pôle au sein desquels les magistrats du siège peuvent partager au fil du temps et de réunions régulières une approche commune ou en tout cas échanger sur leurs pratiques et leurs jurisprudences s'avère plus difficile* ».

Les solutions à l'excès de mobilité. En premier lieu, il existe des critères tendant à limiter les mobilités[232]. À ce titre, le CSM applique des règles de nomination, à l'instar de la règle dite « *des deux ans* » imposant à un magistrat d'accomplir deux années de service effectif, à compter de son installation dans ses fonctions, avant toute mutation. Le délai est de trois ans à l'endroit des magistrats sortant d'école. Mais la hausse du taux de vacance a rendu nécessaire une solution plus radicale : l'augmentation des recrutements. L'entrée en poste, depuis 2017, de promotions plus importantes d'auditeurs permettra de combler les manques les plus criants dans les prochaines années. Néanmoins, la mobilité est un phénomène multifactoriel, qui se réalise de façon inégale selon les régions géographiques et les postes concernés. Le poste de juge unique au tribunal correctionnel est ainsi plus concerné que d'autres.

§ 2. L'importante mobilité du juge unique

Le poste de juge unique au tribunal correctionnel est particulièrement concerné par les départs, car il rassemble les principales causes de mobilité en un même poste : la recherche de l'avancement à l'origine d'une mobilité géographique (A.) et la recherche d'un poste plus attractif à l'origine d'une mobilité fonctionnelle (B.).

A. La mobilité géographique du juge unique

Le passage au premier grade comme principale cause de mobilité[233]. Le passage au premier grade emporte bien souvent un mouvement géographique. Cela résulte d'une

---

232 Rapport annuel d'activité 2016, CSM, p. 60.

233 DANET (J.), « Mouvements et mobilités d'un corps, une étude des transparences au siège et au parquet, années 2015-2016 », préc. On compte 2048 mouvements vers un poste de 1er grade en, soit 68,3% des mobilités totales.

stratégie d'avancement de carrière induite par la politique de nomination. En effet, la mobilité pour avancement est facilitée, voire encouragée, par certains critères de ressources humaines. Le CSM en a longtemps tenu compte pour se prononcer sur l'avancement d'un magistrat, car « *la mobilité géographique et professionnelle est considérée comme importante en tant que gage de renouvellement et d'adaptation du magistrat* »[234]. En outre, le CSM rappelle qu'« *il n'est pas possible de demeurer plus de dix ans dans une même juridiction dans la même fonction spécialisée. Enfin, sauf exception, la DSJ privilégie la mobilité géographique lors des passages au premier grade même lorsque le magistrat exerce depuis moins de sept ans* »[235]. La mobilité est ainsi un véritable critère d'avancement et son absence peut être pénalisante en termes de progression de carrière. Toutefois, une proposition inverse à cette politique de la DSJ a pu être formulée par le CSM, qui estime désormais que l'exigence de mobilité géographique pour le passage au premier grade devrait être supprimée[236]. Le CSM préconise d'assurer une stabilité aux magistrats dans les juridictions.

Le juge unique, magistrat du second grade. Il arrive que des présidents de formations collégiales, magistrats du premier grade en tant que vice-présidents d'un tribunal de grande instance, prennent les audiences à juge unique. Mais dans la majorité des cas, le poste de juge unique au tribunal

---

[234] Cour de cassation, *Le recrutement et l'avancement des juges français*, 2007, p. 9 ; Rapport annuel d'activité 2018, CSM, p. 183 : « *La mobilité géographique permet de se préserver de relations trop proches avec des personnalités locales, notamment les auxiliaires de justice, les associations partenaires, les médias, les milieux économiques et sociaux. Elle contribue à un exercice professionnel impartial. Une mobilité géographique et fonctionnelle limitée oblige le magistrat à une vigilance accrue afin de garantir son indépendance et son impartialité* ».

[235] Rapport annuel d'activité 2016, CSM, p. 44.

[236] Rapport annuel d'activité 2017, CSM, p. 25.

correctionnel est occupé par un magistrat de second grade[237]. Aussi, ce juge unique, une fois qu'il aura gravi les cinq échelons de son grade, pourra s'inscrire sur le tableau d'avancement et espérer ainsi passer au premier grade. Il devra donc, au regard de l'actuelle politique d'avancement de la DSJ, accepter de changer de juridiction. Cela pourra alors emporter d'importantes conséquences personnelles pour ce magistrat.

B. La mobilité fonctionnelle du juge unique

La vacance persistante des postes moins attractifs. La mobilité se pense à travers l'attractivité différentielle des postes, selon qu'une zone géographique est plus ou moins convoitée ou que la nature du poste est plus ou moins sollicitée. Certains types de postes sont plus recherchés que d'autres, à l'instar des postes au sein des grandes métropoles. L'attractivité différentielle s'est amplifiée dans un contexte de vacance de poste permettant de quitter des postes moins attractifs plus facilement.

La moindre attractivité du poste de juge unique correctionnel. Le poste de juge unique n'est pas un poste particulièrement convoité, en raison de l'isolement du magistrat et de la difficulté croissante de la tâche qu'il a à accomplir. En outre, la fonction de juge unique n'est pas gratifiée par le corps, à la différence de celle de JLD qui n'est ouverte qu'aux magistrats du premier grade. Or, la moindre attractivité d'un poste va entretenir le désir de mobilité d'un magistrat. Ainsi, les postes de juge unique correctionnel peuvent demeurer vacants plus longtemps que d'autres : le

---

[237] Décret n° 93-21 du 7 janvier 1993 pris pour l'application de l'ordonnance n° 58-1270 du 22 décembre 1958 portant loi organique relative au statut de la magistrature, art. 3 : « *Les magistrats du second grade de la hiérarchie judiciaire sont appelés à exercer les fonctions suivantes : 1° Juge, […] juge d'un tribunal de grande instance ou de première instance* ».

juge unique cherchera à quitter rapidement son poste pour en occuper un qui l'attire davantage.

L'affectation prioritaire vers les postes moins attractifs. Ce mouvement naturel vers les postes les plus attractifs s'est amplifié avec l'assouplissement des règles de mobilité dans le but de combler la hausse du taux de vacance. En réponse, la DSJ oriente en priorité les magistrats inscrits sur le tableau d'avancement vers ce type de postes, plus difficiles à pourvoir[238]. Ainsi, si les mouvements au départ du poste de juge unique peuvent être importants du fait de la mobilité géographique requise pour intégrer le premier grade, la DSJ tente d'assurer un mouvement inverse en affectant en priorité les magistrats sur ces postes.

Favoriser l'attractivité du poste de juge unique. La résorption de la vacance, permise par le plan de recrutement mis en place ces dernières années[239], va limiter la mobilité des magistrats. Toutefois, résorber la vacance et restreindre les mouvements ne doivent pas être une fin en soi. Une restriction de la mobilité doit s'accompagner d'une réflexion sur la manière de dynamiser des postes jugés moins attractifs, afin de ne pas y enclore contre leur gré les magistrats qui les occupent. À cet égard, le CSM préconise d'« *assurer une vraie gestion des ressources humaines, valorisant les compétences des magistrats* »[240], favorisée par la mise à disposition, par la DSJ,

---

[238] DANET (J.), « Mouvements et mobilités d'un corps, une étude des transparences au siège et au parquet, années 2015-2016 », préc., p. 27 : « *La direction des services judiciaires pourvoit à l'avancement en priorité des postes où il y a peu de candidats et ils sont rarement situés dans les TGI des grandes agglomérations* ».

[239] D'importants efforts de recrutement ont été déployés par la DSJ. Le ministère de la Justice comptait 8742 magistrats au 1er janvier 2019, soit 315 de plus qu'en 2017 – une augmentation de 3,8 % des effectifs. Article « *Magistrats : des effectifs en hausse* », publié le 11 février 2019 *[http://intranet.justice.gouv.fr/site/dsj/rh-des-magistrats]*.

[240] Rapport annuel d'activité 2018, CSM, p. 34.

de conseillers mobilité-carrière[241]. *In fine*, outre la suppression souhaitable de l'exigence de mobilité pour l'accès au premier grade, il convient de stimuler l'attractivité du poste de juge unique correctionnel. À ce jour, celui-ci cristallise l'image d'un poste peu valorisé, donc peu valorisant, dans lequel on ne souhaite pas rester trop longtemps. La mobilité du juge unique doit donc être traitée par ses principaux symptômes : l'isolement et la fastidiosité de sa tâche, à l'origine d'un sentiment de solitude pathologique et naturel.

Section 2. L'accompagnement du juge unique par une équipe de justice

Pallier la solitude du juge unique par la mise en place d'une véritable équipe autour de lui pourra améliorer ses conditions de travail et favoriser l'attractivité de son poste[242]. Il s'agit ainsi d'apporter au juge unique une aide à la fois matérielle (§1.) et juridictionnelle (§2.).

§ 1. L'accompagnement matériel du juge unique

Le juge réalise un certain nombre de missions, au-delà de ses fonctions purement juridictionnelles. Il importe de mieux connaître la production judiciaire des magistrats, afin d'identifier quelles missions peuvent être déléguées à d'autres

---

[241] Les futurs magistrats sont assistés dans le choix de leur premier poste par ces conseillers mobilité-carrière, déployés au sein de l'ENM durant la période du processus de choix. Article « *Focus sur le mouvement annuel des magistrats* », publié le 5 mars 2019 *[http://intranet.justice.gouv.fr/site/dsj/rh-des-magistrats]*.

[242] Rapport de la mission d'information du Sénat, Bas (P.) (dir.), « Cinq ans pour sauver la justice ! », 2017, n° 495, p. 224 : le rapport préconise de « *doter le juge d'une véritable équipe ayant pour mission, d'une part, de le décharger de certaines tâches ne relevant pas de son cœur de métier, et, d'autre part, de lui apporter une aide à la décision* ».

acteurs (A.), dont le statut serait professionnalisé pour garantir un accompagnement pérenne du juge (B.).

A. L'identification des missions délégables

Les multiples attributions du juge. Le *process* judiciaire, entendu comme « *l'ensemble des processus décisionnels qu'emprunte le fonctionnement administratif du système de la justice* »[243] recouvre différents types d'actes : les actes de gestion administrative, les actes de gestion procédurale et les actes d'organisation juridictionnelle[244]. Cette juxtaposition des missions résulte de l'élargissement du champ d'intervention dévolu au juge. Du point de vue juridictionnel, il incarne plusieurs modèles[245] qui font de lui « *le gardien de toutes les promesses* »[246]. En outre, le juge réalise un certain nombre de tâches de nature administratives : rédaction d'actes d'administration judiciaire, de soit-transmis, soit-communiqués, *etc.* De plus, il lui incombe d'effectuer, de manière *proactive*, les recherches nécessaires à la résolution de certaines affaires. Il en résulte une dispersion des tâches lui incombant, si bien que le juge peine à les assumer toutes, ou du moins à les assumer bien[247]. Un transfert de compétences vers d'autres acteurs, sous son contrôle, doit être mis en œuvre. Les fonds nécessaires devront être quantifiés au regard

---

243 CADIET (L.), « La théorie du procès et le nouveau management de la Justice : processus et procédure », *in* FRYDMAN (B.), JEULAND (E.) (dir.), *Le nouveau management de la Justice et l'indépendance des juges*, éd. Dalloz, coll. Thèmes et commentaires, 2011, pp. 111-131.

244 DANET (J.), « Un autre management pour une justice de meilleure qualité ? » *in* DANET (J.) (coord.), *La réponse pénale. Dix ans de traitement des délits*, préc., pp. 469-495.

245 OST (F.), « Jupiter, Hercule, Hermès : trois modèles du juge », *in* BOURETZ (P.) (dir.), *La force du droit. Panorama des débats contemporains.*, éd. Esprit, 1991, p. 241-272.

246 Pour reprendre le titre de l'ouvrage de GARAPON (A.), *Le gardien des promesses : Justice et Démocratie*, éd. Odile Jacob, 1996. V. également SALAS (D.), « Le juge aujourd'hui », *Droits*, 2001, n° 2, p. 61-72.

247 Rapport de la mission d'information du Sénat, COINTRAT (C.) (dir.), « Quels métiers pour quelle justice ? », n° 345, 2002, p. 57.

des besoins concrets des juridictions. D'abord on améliore la connaissance de l'activité des juridictions, pour ensuite déléguer ce qui doit l'être à d'autres acteurs selon les besoins identifiés.

Les outils de mesure de l'activité des juridictions. Il importe de connaître plus finement la charge de travail des magistrats eu égard à leurs fonctions, du type et de la complexité du contentieux qu'ils traitent. Cette connaissance est un préalable indispensable à toute réflexion sur une politique de gestion des effectifs et des compétences. Actuellement, l'activité des juridictions est évaluée *via* des indicateurs de performance centrés essentiellement sur l'activité des parquets et le calcul du taux de réponse pénale. Ces outils, issus du *new management public* au sein de l'institution judiciaire, peuvent toutefois être critiqués au regard des intentions qui président à leur emploi. En effet, s'ils mesurent des données quantifiables, chiffrées, ils ne sauraient rendre compte de données qualitatives sur la décision judiciaire[248]. Les modalités et le fondement de l'utilisation de ces outils doivent donc être réformés. D'une part, il convient de les élaborer au niveau local. Le rapport sénatorial précité propose, à cette fin, d'établir des barèmes locaux d'activité, correspondant à des fiches de poste, afin d'identifier les besoins de telle ou telle juridiction pour quantifier les moyens alloués et les éventuels postes à créer[249]. Ces outils doivent être établis en concertation avec l'ensemble des acteurs évalués : une évaluation par les juridictions, pour les juridictions.

---

248 DANET (J.), « Un autre management pour une justice de meilleure qualité ? » *in* DANET (J.) (coord.), *op. cit.*, préc., pp. 480-482, v. en particulier les développements sur le référentiel établi par l'Inspection Générale des Services (IGS) pour les TGI, qui s'intéresse davantage aux résultats produits par les juridictions qu'aux moyens utilisés pour les atteindre. Les données qualitatives sont également exclues du référentiel, n'étant pas quantifiables.

249 Rapport de la mission d'information du Sénat, BAS (P.) (dir.), *préc.*, p. 71.

Récoltées à l'échelon local, les données rendront compte fidèlement de la production judiciaire. Pour le moins, elles en rendront davantage compte que les évaluations ponctuelles et succinctes produites dans les études d'impacts, à l'occasion de réformes se succédant à un rythme effréné. D'autre part, il importe de donner du sens à cette production d'informations, qui doit servir *in fine* les intérêts des juridictions et non ceux de telle ou telle loi dans les tiroirs de la Chancellerie. Par exemple, les données statistiques peuvent être un excellent outil de production de connaissance sur la juridiction par elle-même, à condition de bien les utiliser. L'activité statistique est qualifiée, par les greffiers, de rébarbative et peu sensée ; elle ne consiste qu'à faire remonter des chiffres qui serviront à évaluer la juridiction et non à améliorer son organisation. Cette mission d'évaluation, de calcul statistique et de synthèse des données récoltées pourrait être confiée à un administrateur indépendant au sein de la juridiction, formé pour cela[250]. Des études de qualité seraient ainsi menées et le greffe serait déchargé d'une mission qui l'éloigne considérablement du cœur de ses fonctions.

Une meilleure répartition des tâches. Il s'agit de mieux connaître les tâches réalisées par chacun pour réorganiser leur répartition : quelles sont ces tâches, sont-elles exécutées, si oui, comment ? *A contrario*, lesquelles ne le sont pas ? Une nouvelle répartition s'impose au regard de la situation actuelle : les heures hebdomadaires se multiplient tandis que le sentiment de mal faire son travail va croissant. Les dossiers sont parfois préparés dans la précipitation et la motivation des

---

[250] DANET (J.), « Un autre management pour une justice de meilleure qualité ? » *in* DANET (J.) (coord.), *op. cit.*, préc., p. 493.

décisions est réduite à une paire de phrases[251]. Bref, le travail en équipe et le besoin de collectif n'a jamais été aussi prégnant.

B. Une équipe professionnalisée d'acteurs parajudiciaires

La nécessité d'une équipe autour du juge unique correctionnel. Le juge unique ne doit plus travailler seul, isolé, au sein d'un service cloisonné. En effet, « *l'image du magistrat solitaire "artisan de la justice" est désormais dépassée* »[252]. Cette image a engendré une tendance au « *repli sur soi chez les magistrats* »[253] de laquelle il leur faut sortir. Face à la diversification des infractions que le juge unique a à connaître, sa tâche est devenue plus difficile. En outre, il manque de temps et d'informations pour traiter correctement les dossiers qui lui reviennent. Une solution pourrait être de délocaliser davantage les contentieux qu'il traite (*via* les procédures simplifiées ou la contraventionnalisation, le traitement administratif, la déjudiciarisation de certaines infractions).

---

[251] Propos recueillis lors d'un entretien. Une juge unique témoigne de ce que le manque de temps impacte considérablement la qualité de la motivation : « *y a plein de dossiers que je sacrifie, que je ne relie plus, je ne peux pas, c'est juste pas possible, mais si j'avais une greffière type la GAM du parquet qui avait le droit, l'autorisation, la fonction, elle ferait un truc super, et ça permettrait aux gens d'avoir un minimum de justification, alors que là, de fait, je suis très sèche et parfois je mets une ligne et parfois rien* ».

[252] Rapport de la mission d'information du Sénat, BAS (P.) (dir.), préc., p. 71

[253] *Idib.*, p. 224. : « *Le recul progressif du recours à la collégialité en première instance, dans le but d'améliorer le rendement des juridictions, ainsi que le développement de l'informatique, permettant aux magistrats de rédiger seuls leurs décisions, ont pu favoriser une tendance au repli sur soi chez les magistrats* ». Ce constat fait écho à celui formulé dans le rapport de la mission d'information du Sénat, COINTRAT (C.) (dir.), « Quels métiers pour quelle justice ? », préc., p. 91, qui évoquait le fait que : « *Un hiatus s'est formé entre la façon de travailler, artisanale et solitaire du magistrat, enfermé dans son cabinet, plongé dans ses dossiers et préoccupé par le seul souci d'évacuer ses affaires, et la nécessité de répondre à un contentieux qui revêt aujourd'hui un caractère industriel* ».

C'est, semble-t-il, le parti pris du législateur jusqu'à la loi du 23 mars 2019 qui étend le champ de l'OPD aux infractions relevant de la compétence du juge unique. Une solution alternative pourrait être de mettre en place des équipes de travail chargées d'apporter au magistrat une véritable aide à la décision. De telles équipes, induisant une répartition de la charge pesant sur le juge unique, pourraient renforcer son efficacité et ainsi concurrencer, en sa faveur, les modes simplifiés de poursuites.

Le fonctionnement collaboratif d'autres magistrats. Un tel fonctionnement existe déjà au sein des parquets, en raison de leur organisation hiérarchisée ; les parquetiers composent un corps indivisible, l'échange entre eux est permanent et naturel. En outre, la loi leur permet de transférer certaines de leurs missions à des délégués. Au siège, certains postes sont plus ouverts que d'autres sur leur environnement : par exemple, lors de la phase préparatoire du procès pénal, le juge d'instruction est en relation permanente avec le procureur, les services d'enquêtes qu'il commissionne et le JLD. Au stade de l'exécution de la peine, le JAP échange avec les représentants de l'administration pénitentiaire, le service pénitentiaire d'insertion et de probation (SPIP) dont il sollicite les avis et les structures d'accueil des condamnés exécutant leur peine en milieu ouvert (placement extérieur, travail d'intérêt général, *etc.*). La dimension collaborative du travail de ces magistrats a incontestablement fait ses preuves. Il importerait donc de transposer ces méthodes auprès des juges de jugement, en augmentant et en organisant les effectifs d'acteurs gravitant autour d'eux. Les magistrats sont en demande de disposer davantage de collaborateurs, afin de les décharger d'une part moins technique du contentieux qu'ils traitent et d'exécuter des tâches purement administratives[254]. Avant d'évoquer les différents statuts d'assistants institués pour aider le magistrat, il faut rappeler que cette demande de travail en équipe ne fait pas l'unanimité au sein du siège. En effet, certains magistrats choisissent le siège et des postes où l'on est relativement isolé, par goût de la solitude. Néanmoins, cette conception du métier de magistrat n'est pas viable vues les évolutions de la procédure qui entendent donner la part belle aux voies plus efficaces. Pour ces raisons d'efficacité, mais également car nous croyons profondément aux vertus du travail collectif, en termes professionnel (qualité du travail produit par la confrontation des regards) et personnel (apprentissage de l'humilité, de la bienveillance et de l'écoute), il importe de sensibiliser les juges au travail en équipe.

La fonction d'assistants de justice (ADJ). La fonction, créée en 1995[255], consiste à aider les magistrats en effectuant des recherches documentaires, en rédigeant des notes de jurisprudence, des notes de synthèse des dossiers ou des projets de décision sur leurs instructions. En pratique, le service auquel l'ADJ est rattaché définit librement ses compétences eu égard à ses besoins. Ainsi, certains ADJ peuvent opérer un travail purement administratif tandis que d'autres réaliseront des tâches davantage juridictionnelles[256]. Toutefois, le statut de ces assistants n'a pas permis de combler

---

[254] *Ibid.*, p. 232. V. également le rapport de la mission d'information du Sénat, COINTRAT (C.) (dir.), « Quels métiers pour quelle justice ? », préc., p. 91, qui énonce que « *Les magistrats entendus par la mission ont unanimement fait part de leur besoin de disposer, en sus de greffiers et de secrétaires, de collaborateurs de haut niveau capables d'effectuer des recherches documentaires, des analyses juridiques, de rédiger des notes de jurisprudence et des notes de synthèse des dossiers ainsi que, parfois, des projets de décision* ».

[255] Loi n° 95-125 du 8 février 1995, relative à l'organisation des juridictions et à la procédure civile, pénale et administrative.

[256] A titre d'exemple, certains ADJ vont accomplir un travail identique aux greffiers du service, tandis que d'autres vont réaliser des actes relevant des compétences d'un magistrat : rapports d'appel, rédaction de réquisitions, de réquisitoires définitifs, orientation des poursuites, *etc.*

les attentes des juridictions. En effet, leur profil est souvent le même : un étudiant en fin de cursus ou en préparation de concours, ce qui induit un fort taux de rotation. Néanmoins, et malgré la brièveté de ces contrats, certains magistrats s'investissent pleinement dans la formation de leurs assistants. En outre, les limites de l'aide apportée par des assistants ne sont pas uniquement liées à la rupture anticipée du contrat par eux en raison de l'obtention d'un concours, mais avant tout à la précarité de leur statut, faisant que le contrat ne peut être prolongé au-delà de 6 ans, qu'il ne couvre que deux journées par semaine en l'échange d'une rémunération relativement faible.

Généraliser et professionnaliser les missions des ADJ. En professionnalisant la fonction et en permettant son exercice à temps plein avec une rémunération équivalente, l'assistance aux magistrats serait pérennisée. Ces derniers s'investiraient davantage dans la formation de leurs ADJ, qui constitueraient une formidable ressource pour les services[257]. Néanmoins, si l'ADJ doit être professionnalisé, il n'est pas certain qu'une formation spécifique soit nécessaire : ils sont recrutés parmi des candidats titulaires d'un haut niveau d'études et il importe de laisser une liberté aux services bénéficiaires dans les missions qu'ils souhaitent confier à leurs ADJ. En outre, la majorité des postes d'ADJ sont ouverts au bénéfice du parquet. Il conviendrait donc de généraliser le recours à ces renforts en élargissant les effectifs, afin de doter également le siège d'une véritable assistance matérielle et administrative, qualifiée et durable.

---

[257] Rapport de la mission d'information du Sénat, COINTRAT (C.) (dir.), « *Quels* métiers pour quelle justice ? », préc., p. 15, le rapport propose de « *doter les assistants de justice d'un statut plus attractif en allongeant le nombre d'heures et d'années d'exercice des fonctions, en revalorisant le montant des vacations horaires et en créant des passerelles vers la magistrature* », sur le modèle des *clerks* du système anglo-saxon.

Les juristes assistants. En lieu et place de la clarification souhaitable des fonctions d'ADJ, la loi sur la justice du XXIe siècle a créé un nouveau corps au sein de l'institution judiciaire : les juristes-assistants[258]. Les fonctions qui leur incombent sont relativement proches de celles des ADJ, mais leur statut permet toutefois d'intégrer la magistrature au bout de trois ans lorsqu'ils sont doctorants. Toutefois, si l'effectivité de leur assistance est incontestable, son efficience à l'échelle de l'institution est limitée, en raison de leurs effectifs réduits[259].

Les assistants spécialisés en matière pénale. Ces assistants, institués en 1998[260], sont attachés aux pôles de l'instruction, au parquet des juridictions interrégionales spécialisées (JIRS) et du TGI de Paris en matière économique et financière et de crime contre l'humanité. Ils n'apportent donc pas leur concours aux juges correctionnels. Leur exemple atteste toutefois de l'efficacité d'une assistance spécialisée qui mériterait d'être étendue aux juges de jugement ; *a fortiori* si ces derniers devaient être, à leur tour, spécialisés.

Clarifier les offices de chacun. En outre, une clarification des offices de chaque intervenant serait bienvenue, afin que les ADJ et les juristes assistants ne concurrencent pas les greffiers dans leurs missions. Les derniers pourraient se voir remettre davantage de fonctions juridictionnelles, tandis que les premiers et les seconds

---

[258] Loi n° 2016-1547 du 18 novembre 2016, de modernisation de la justice du XXIe siècle, art. 24. Crée l'art. L. 123-4 Code de l'organisation judiciaire.

[259] On compte 353 postes ouverts fin 2017. De plus, ils sont recrutés pour 6 ans maximum, ce qui induit une rotation similaire à celle des ADJ.

[260] Loi n° 98-546 du 2 juillet 1998, portant diverses dispositions d'ordre économique et financier, art. 91. Décret n° 99-75 du 5 février 1999, pour l'application de l'art. 706 C. proc. pén., relatif aux fonctions d'assistant spécialisé.

conserveraient des fonctions avant tout administratives[261]. Une telle répartition serait naturelle car les greffiers sont titulaires d'un poste de fonctionnaire après obtention d'un concours, tandis que les ADJ et les juristes assistants sont, à ce jour, recrutés sur candidature spontanée.

Recentrer le juge sur son office. Le développement des assistants permettrait au juge de se décharger des missions non juridictionnelles qui ralentissent son activité. L'idée de doter le juge d'une équipe afin de le recentrer sur ses fonctions essentielles n'est pas nouvelle[262]. En 2002, le rapport « *Quels métiers pour quelle justice ?* » préconisait déjà le transfert de certaines tâches quasi juridictionnelles vers d'autres acteurs de la justice, à l'instar des officiers publics et ministériels et les greffiers en chef. En outre, il proposait de décharger le juge de certains contentieux de masse, à l'instar du contentieux routier. Une telle réforme a largement été mise en œuvre par le biais de la composition pénale et de l'OPD, réduisant sensiblement l'intervention du juge. Au lieu de décharger complètement le juge de ces contentieux, il est possible d'imaginer une délégation sous son contrôle de contentieux relativement simples. Ainsi, celui-ci pourrait se concentrer sur les

---

261 GARAPON (A.), PERDRIOLLE (S.), BERNABÉ (B.), « La prudence et l'autorité, l'office du juge au XXIe siècle », préc. Le rapport préconise de distinguer trois fonctions différentes d'assistants : les *préparateurs-rédacteurs* qui préparent les audiences et détectent les enjeux importants dans les dossiers ; les *assistants chargés des analyses* pour la connaissance des jurisprudences, pour l'étude des décisions produites par la juridiction ; les *auditeurs de justice permanents* afin d'assister le juge dans les contentieux les plus techniques.

262 L'idée a déjà été exprimée en 1991 par la commission de contrôle HAENEL-ARTHUIS, chargée d'examiner les modalités d'organisation et les conditions de fonctionnement des services relevant de l'autorité judiciaire, n°357, puis dans le Rapport de la mission d'information du Sénat, FAUCHON (P.) et JOLIBOIS (C.) (dir.), « Quels moyens pour quelle justice ? », 1996, n° 49. V. encore le Rapport de la mission d'information du Sénat, COINTRAT (C.) (dir.), « Quels métiers pour quelle justice ? », préc., p. 56.

contentieux plus complexes nécessitant toute son expertise. Une telle délégation des fonctions non juridictionnelles et quasi juridictionnelles, déterminée après analyse de l'activité des magistrats, permettrait au juge de passer davantage de temps à la préparation de ses audiences, de penser plus en profondeur l'affaire qu'il a à connaître et à améliorer la qualité de sa motivation. De plus, pour les dossiers présentant une certaine complexité, le juge pourrait prendre le temps de la discussion avec ses collègues ou assistants spécialisés et enrichir ainsi sa réflexion. Ainsi, au-delà d'une aide matérielle, une aide purement juridictionnelle doit être apportée au juge.

§ 2. L'accompagnement juridictionnel du juge unique

Secondé par une équipe d'assistants pour l'exécution de ses missions non ou quasi juridictionnel, le juge unique doit également être assisté au cours de ses missions purement juridictionnelles (A.), pour permettre à une nouvelle forme de collégialité de voir le jour (B.).

A. Une répartition des fonctions juridictionnelles

Une collaboration entre juges en amont de l'audience à juge unique. À ce jour, la collaboration entre magistrats du siège s'étend essentiellement dans le cadre de l'audience collégiale, même si des échanges plus officieux se déroulent quotidiennement dans les couloirs des palais. Toutefois, une nouvelle forme de collaboration entre juges hors des hypothèses de collégialité[263] serait souhaitable, notamment au stade de la préparation de dossiers complexes, quand bien même un magistrat unique prendrait l'audience. Cette aide pourrait être apportée par un jeune magistrat afin de parfaire sa formation. Une telle collaboration serait utile, sans

[263] Rapport de la mission d'information du Sénat, BAS (P.) (dir.), préc., proposition n° 94, p. 238.

nullement menacer l'indépendance du juge qui présiderait l'audience et endosserait seul la responsabilité du jugement après libre appréciation de l'affaire. Cette pratique se rapprocherait de celle du juge rapporteur au civil, au demeurant parfaitement acceptée par les magistrats.

Le souci de revaloriser les fonctions du greffe. La spécificité de la fonction de greffier tient à son caractère hybride, à la fois juridictionnel et administratif. Leur mission première est d'assister le juge et d'authentifier des actes judiciaires. « *Techniciens de la procédure* » et « *notaires de la juridiction* », leur métier est marqué par une « *culture de la polyvalence* »[264]. Ils sont à la fois l'intermédiaire entre les parties et le juge, et l'interlocuteur privilégié du public et des partenaires extérieurs. Et, progressivement, leurs missions se sont diversifiées et multipliées. La surcharge de travail a participé à une forme de dévalorisation de la profession et à la généralisation d'un sentiment de frustration en son sein[265]. Par exemple, la part « noble » du métier consistant à authentifier les actes se réduit désormais à la relecture des jugements et l'apposition de la formule exécutoire. Les greffiers sont contraints de se concentrer sur des tâches de secrétariat (standard téléphonique, préparation des audiences) alors qu'ils sont spécialistes de la procédure et des voies d'exécution. Le rapport « *Quels métiers pour quelle justice ?* » relevait en 2002 que « *certains greffiers regrettent de ne pouvoir exercer des tâches jugées valorisantes. Par exemple, d'aucuns aimeraient pouvoir jouer un rôle d'aide à la décision du magistrat* »[266]. Par ailleurs, les greffiers se sentent parfois pris de haut par les magistrats *avec* lesquels (et non pas *pour* lesquels) ils travaillent. Le sentiment

---

264 Rapport de la mission d'information du Sénat, COINTRAT (C.) (dir.), préc., p. 74.

265 Un rapport sur la situation des fonctionnaires des services judiciaires, par le conseiller d'État LE VERT (D.), relevait déjà, en 1990, un « *malaise des greffes* ».

266 Rapport de la mission d'information du Sénat, COINTRAT (C.) (dir.), préc., p. 79.

d'être réduit au rang de « secrétaire » au service du magistrat revient souvent, alors même que greffier et magistrat ont bien souvent un niveau d'études équivalent[267]. En ce sens, la profession manifeste une volonté d'être revalorisée, notamment en exécutant des missions à la charge du magistrat. Un premier transfert s'était produit avec la loi du 8 février 1995, qui avait déjà confié aux directeurs de greffes, alors nommés greffiers en chef, certaines missions juridictionnelles en matière civile[268].

Les réflexions autour de la mise en place d'un greffier juridictionnel. Né d'un premier rapport en 2008[269], le projet a ensuite été étoffé par le rapport sur « *Le juge du XXI*^{e} *siècle* »[270], qui prévoyait de confier à un greffer juridictionnel certaines compétences du juge. Le bagage universitaire des greffiers faisait d'eux les bénéficiaires naturels du transfert de compétences à opérer. Côté parquet, le greffier juridictionnel aurait pu assurer le suivi des enquêtes et entretenir un échange avec les enquêteurs. Côté siège, il aurait assisté au délibéré et aidé le magistrat lors de la rédaction de la décision.

---

[267] Rapport de la mission d'information du Sénat, BAS (P.) (dir.), préc., p. 228 : « *Il existe donc un décalage important, et source de tensions, entre la hausse du niveau de qualification des personnels de greffe et la nature des tâches qui leur sont confiées* ».

[268] Ce transfert concernait l'établissement des certificats de nationalité, la réception du consentement à l'adoption et les déclarations conjointes de changement de nom d'un enfant, ou encore la vérification des comptes de tutelle.

[269] Rapport de la commission de répartition des contentieux présidée par GUINCHARD (S.) (dir.), « L'ambition raisonnée d'une justice apaisée », 2008, p. 204.

[270] Rapport du groupe de travail présidé par DELMAS-GUYON (P.) à Mme la Garde des Sceaux, ministre de la justice, « Le juge au XXIe siècle, un citoyen acteur, une équipe de justice », décembre 2013, p. 104. Le rapport de GARAPON (A.), PERDRIOLLE (S.), BERNABÉ (B.), « La prudence et l'autorité, l'office du juge au XXIe siècle », préc., p. 82, préconisait également d'instituer un greffier doté de fonctions approfondies, sous le nom de « *maître de procédure* ».

L'institution imparfaite d'un greffier juridictionnel. Lors des discussions autour du projet de loi « *Justice du XXIe siècle* », les greffiers ont vivement manifesté leur opposition au projet de modification de leur statut. Ils craignaient de se voir remettre encore davantage de missions, en dépit de toute revalorisation statutaire et indiciaire[271]. Un protocole a toutefois été conclu entre la Chancellerie et les organisations syndicales, aboutissant à l'adoption en 2015 d'un décret[272] précisant les missions des Greffiers Assistants des Magistrats (GAM) ainsi créés. Néanmoins, ces greffiers, qui apportent pourtant entière satisfaction aux magistrats auprès desquels ils sont déployés, ne sont présents qu'au parquet. Une extension des GAM auprès du siège doit ainsi être expérimentée. Toutefois, ce déploiement doit s'accompagner d'un relèvement des actuels effectifs des greffes afin de ne pas peser sur les tâches courantes des services[273].

Les propositions. Le projet d'instituer le greffier juridictionnel doit perdurer. Il importe de le placer auprès des magistrats du siège et en effectif suffisant. Un investissement réel de la part du greffe dans cette revalorisation ne peut se faire qu'en contrepartie de garanties statutaires rehaussées. Et c'est bien naturel au regard des missions que l'on entend leur confier. En outre, le lien entre greffier et magistrat doit être solide dans les cultures professionnelles des deux corps. Des

---

[271] BOURGOIN (S.), « Les greffiers en lutte pour leur statut », *Libération*, 16 avril 2014, v. aussi ROME (F.) « L'armée des ombres », *Dalloz actualité*, 7 mai 2014, v. également, BEGUIN (F.), « La Garde des Sceaux souhaite confier aux 9200 greffiers des missions étendues », *Le Monde*, 28 avril 2014.

[272] Décret n° 2015-1275 du 13 octobre 2015, portant statut particulier des greffiers des services judiciaires : « *Les greffiers sont des techniciens de la procédure. Ils assistent les magistrats dans les actes de leur juridiction et authentifient les actes juridictionnels. [Ils] exercent également des fonctions d'assistance des magistrats dans le cadre de la mise en état et du traitement des dossiers ainsi que dans le cadre des recherches juridiques. Selon les directives des magistrats, ils rédigent des projets de décisions et de réquisitoires* ».

[273] Rapport de la mission d'information du Sénat, BAS (P.) (dir.), préc., proposition n° 91, p. 232.

partenariats ENG / ENM doivent être entretenus, afin de faire se rencontrer ces deux professions interdépendantes[274]. Une collaboration efficiente entre elles repose sur un respect et une valorisation mutuels. Les magistrats doivent être sensibilisés dès l'École sur le fait qu'ils ne possèdent aucun lien hiérarchique sur le greffier et que leur travail est intimement dépendant de l'engagement du greffe. Derrière ces questions statutaires se cachent ainsi des enjeux éthiques fondamentaux.

B. Une « *collégialité par complémentarité* »

Repenser la collégialité. Ce développement a pour objet de souligner les enjeux multiples soulevés par la nécessité d'injecter plus de dialogue et de collectif au sein de l'institution. Repenser la notion de collégialité, et par là même de juge unique, est un impératif à plusieurs égards. D'une part, l'essor des nouvelles technologies menace d'isoler encore davantage le juge. D'autre part, il importe d'améliorer la qualité des jugements rendus en première instance afin de limiter les contestations par les justiciables. Par ailleurs, la collégialité, telle qu'instaurée dans le droit français[275], peine parfois à remplir ses promesses. Face à l'ensemble de ces phénomènes et en réponse à l'objectif d'amélioration du système judiciaire, l'abandon de la notion d'unicité de juge et la refonte de celle de collégialité semblent plus que jamais nécessaires. Le besoin de collectif dans le judiciaire s'était

---

[274] Rapport de la mission d'information du Sénat, COINTRAT (C.) (dir.), préc., p. 90, le rapport préconise de renforcer le dialogue social entre les magistrats et les autres fonctionnaires des juridictions : « *La mission considère que l'amélioration du dialogue social implique de mieux former les chefs de juridiction et les chefs de greffe au management et de développer les sessions de formation communes aux magistrats et aux fonctionnaires afin de favoriser une même culture de gestion* ».

[275] Rapport de la mission d'information du Sénat, BAS (P.) (dir.), préc., p. 237 : « *La collégialité ne constitue pas une méthode de travail en équipe à proprement parler. Elle sert principalement à forger une décision dont la responsabilité est partagée* ».

traduit par la collégialité, mais elle doit aujourd'hui *« prendre d'autres formes qu'un panel de juges »*[276].

La remise en cause des atouts de la collégialité traditionnelle. Le discours selon lequel la formation collégiale du tribunal correctionnel doit demeurer de principe est encore majoritaire. Et pourtant, les praticiens qui ont composé ces formations collégiales admettent aisément que la plus-value n'est pas systématique. Cette institutionnalisation du dialogue des juges n'emporte pas toujours un dialogue effectif, et encore moins efficient, tant au moment de l'audience qu'au délibéré. Certains présidents de formations collégiales admettent se sentir parfois aussi seuls que lorsqu'ils statuent à juge unique. Et pourtant, en collégiale, les enjeux sur la peine sont plus lourds. *In fine*, la qualité de la formation collégiale dépend de l'investissement et de la compétence des assesseurs, ainsi que de leur capacité à soutenir leur attention. *A contrario*, les assesseurs peuvent ressentir le poids de l'autorité, l'emprise du président qui mène la danse de l'instruction d'audience à la rédaction du jugement. Aussi, la qualité du dialogue au sein d'une formation collégiale dépend moins de la procédure qui l'impose que de l'éthique des magistrats qui la composent. Ce constat fait, s'engager à construire un véritable travail d'équipe en amont de l'audience est certainement préférable à une défense de l'extension de la collégialité traditionnelle, qui, en l'état, n'offre parfois que des garanties de façade. C'est pourquoi il n'est plus raisonnable de penser que l'élaboration d'une décision ne doit résulter que du processus intellectuel des magistrats seuls, qu'ils soient un, trois ou même plus. Quant à l'unicité à l'état brut, elle n'est pas gage de qualité de la décision judiciaire à long terme, vu la complexification de l'office du juge unique. Mais ces formations de jugement ne doivent pas être perçues comme régressives, si elles s'accompagnent, dans le même temps,

---

276 GARAPON (A.), PERDRIOLLE (S.), BERNABÉ (B.), « La prudence et l'autorité, l'office du juge au XXIe siècle », préc., p. 164.

d'un nouveau cadre de dialogue pour le magistrat. Celui-ci a besoin d'être accompagné, déchargé, parfois aidé, conseillé. Au demeurant, la collégialité présente d'indéniables avantages dans le cadre des contentieux qui lui sont dévolus. La nouvelle forme de collégialité qui est ici défendue n'a aucunement pour objectif de se substituer à la collégialité traditionnelle, mais simplement d'accompagner le juge unique qui occupe une place majeure dans le paysage procédural et dont la solitude doit être évitée pour les raisons relevées dans cette étude.

Anticiper la transition numérique. Au-delà des différents facteurs d'isolement qui ont été étudiés (hypermobilité, manque d'informations sur les dossiers traités, perte de sens face à l'ignorance de l'amont et de l'aval de la décision prononcée, *etc.*), d'autres phénomènes menacent d'enfoncer le juge dans une solitude physique encore plus vive, si on ne les anticipe pas : la mondialisation et la transition numérique. Si cette transition est absolument nécessaire, elle doit néanmoins être préparée pour ne pas isoler davantage les magistrats, dont le rapport au temps et à l'espace est bousculé, à l'image de leurs pratiques. En prévision des conséquences délétères de ces évolutions sur la vie des services, il convient de multiplier et institutionnaliser des espaces de dialogue, de rencontre, de débats, en parallèle des plateformes numériques ; de ramener le contact humain au premier plan et d'utiliser le numérique comme un outil, source d'économies et d'efficacité pour l'institution certes, mais un outil seulement, qui ne remplacera jamais la confrontation des regards. Ces transitions ne doivent toutefois pas être rejetées en bloc. L'institution doit comprendre et penser les enjeux profonds qui sont à l'œuvre, pour accueillir ces nouveaux dispositifs avec le recul critique qui s'impose. Un juste équilibre doit être trouvé entre le tout numérique et le rejet pur et simple des nouvelles technologies. Car, dans un cas comme dans l'autre, les postures extrêmes n'ont que l'isolement comme promesse.

Améliorer la qualité des jugements rendus en première instance. Outre la nécessaire anticipation de la transition numérique, la justice est confrontée à l'engorgement de ses juridictions, tant en première instance qu'en appel. Face à l'allongement des délais de traitement des affaires en appel, en raison de la multiplication des recours formés contre les décisions rendues en première instance[277], plusieurs solutions sont possibles. La première est de restreindre les facultés d'appel du justiciable. Cette solution se traduit en pratique par le succès d'une vision de l'appel « *voie de réformation* »[278]: il s'agit de restreindre l'effet dévolutif de l'appel consistant à juger à nouveau l'affaire dans son intégralité, en le limitant aux points expressément visés dans l'acte qui saisit la cour. Cette conception de l'appel s'appuie sur le principe d'immutabilité du litige entre la première et la seconde instance. Une seconde solution, qui a été adoptée par la loi du 23 mars 2019, est d'étendre le recours à l'unicité à hauteur d'appel[279]. Une troisième solution, qui a manifestement moins de succès, est d'améliorer la qualité de la décision rendue en première instance. Il s'agit alors de donner au juge premier saisi, soit en grande majorité au juge unique correctionnel, les moyens d'offrir au justiciable une justice rapide et de qualité. Et ces moyens sont notamment humains, par l'instauration d'une équipe autour de lui. C'est le meilleur moyen de limiter les contestations : si les parties estiment la décision satisfaisante, elles ne formeront pas de

---

277 *Chiffres clés de la justice 2016*, p. 12 : le taux d'appel contre les jugements rendus en première instance prononcés en 2014 est de 21,4 % pour les TGI [http://www.justice.gouv.fr/art_pix/stat_CC%202016.pdf].

278 En opposition à la conception traditionnelle de l'appel « *voie d'achèvement* », consistant à juger à nouveau l'affaire dans son intégralité et qui est défendue par ceux qui souhaitent maintenir un large accès au juge. L'appel « *voie de reformation* » se concentre sur la seule critique de la première décision et est défendu par ceux qui entendent maîtriser la gestion des flux de contentieux.

279 Art. 510 C. proc. pén., al. 2, nouveau.

recours[280]. En ce sens, pallier la solitude du juge unique pourrait participer au désengorgement des cours d'appel.

Pour une nouvelle collégialité. L'expression de « *collégialité par complémentarité* » a été utilisée pour la première fois en 1974[281], par un auteur qui tentait d'imaginer le devenir de l'institution du juge unique. Quelques années plus tard, en 1977, un autre auteur prolonge cette idée en énonçant que le juge unique sera sans doute « *conduit à se transformer, pour offrir, au sein d'une collégialité rénovée, les garanties que seul peut présenter un véritable dialogue* ». Il ajoute que cette nouvelle forme de collégialité, composée d'un « *juge unique qui s'entoure d'une équipe de collaborateurs qui l'aideront dans le choix des solutions* » serait en réalité « *le plus bel hommage que l'on puisse rendre à la collégialité qui, chassée des structures mêmes de l'institution, renaît de ses cendres comme une nécessité* »[282]. Ces auteurs ne croyaient pas si bien dire car leurs hypothèses n'ont cessé de se confirmer au fil du temps, jusque dans les rapports d'informations les plus récents. Toutefois, la principale résistance à ces évolutions réside au sein même du siège, au nom de l'indépendance de ses membres.

Flexibiliser la notion d'indépendance. L'emploi de la novlangue patronale permet d'exprimer l'idée selon laquelle l'institution judiciaire doit se moderniser dans ses *méthodes*. Principes absolument cardinaux pour sauvegarder l'intégrité de l'institution, l'indépendance et l'impartialité ne doivent pas la desservir. Or, c'est certainement le cas lorsqu'en leur nom on refuse de faire évoluer les pratiques. Il importe de désolidariser le contenu de l'indépendance des conditions

---

[280] Rapport de la mission d'information du Sénat, BAS (P.) (dir.), préc., p. 217 : « *La réussite de toute réforme de la procédure d'appel [...] repose d'abord sur la nécessité de commencer par donner à la justice de première instance les moyens d'offrir au justiciable une justice rapide et de qualité* ».

[281] VINCENT (J.), *Rapport présenté au IXe colloque des IEJ de Nice*, p. 98.

[282] PERROT (R.), « Le juge unique en droit français », préc., pp. 659-674.

traditionnelles de sa mise en œuvre : être indépendant n'exige pas d'être seul[283]. Non, les juges ne sont pas plus indépendants et impartiaux lorsqu'ils sont isolés de la vie de la Cité ou qu'ils travaillent en vase clos vis-à-vis de leur environnement. Ainsi, désolidariser principes et pratiques induit « *un changement plus par la culture que par des mesures* »[284]. Il importe d'agir sur les cultures professionnelles ; sensibiliser les magistrats à une éthique de l'impartialité, qui n'est pas exclusive d'un travail en équipe et d'interactions avec l'extérieur[285] ; préparer le jeune magistrat à utiliser à bon escient les interdépendances qui modulent son office, plutôt que de l'en exclure au nom de l'indépendance ; et faire évoluer les représentations cloisonnées des différents acteurs pour s'ouvrir à l'autre.

---

[283] GARAPON (A.), PERDRIOLLE (S.), BERNABÉ (B.), « La prudence et l'autorité, l'office du juge au XXIe siècle », préc., p. 147 : « *l'indépendance n'est pas qu'une qualité formelle, un « en soi » qui serait acquis une fois pour toutes avec le statut. L'indépendance n'est qu'une condition de réalisation de son office mais ne peut pas être utilisée par les juges comme un mot magique qui le soustrairait à toute remise en cause […]. L'indépendance ne permet pas de définir un bon juge, il n'y a pas de lien entre le statut et la qualité* ».

[284] *Ibid.*, p. 159.

[285] DANET (J.), « Un autre management pour une justice de meilleure qualité ? » *in* DANET (J.) (coord.), *op. cit.*, préc., p. 490. L'auteur évoque la notion d' « *éthique communicationnelle* ».

Chapitre 2.
Le dépassement de la solitude intellectuelle du juge unique

« C'est si total une présence, c'est si radical l'absence : entre les deux, nul passage ne me semblait possible. »[286]

Outre son isolement physique, le juge unique souffre d'un isolement intellectuel qui durcit davantage sa tâche. Améliorer la communication entre le juge et les acteurs qui l'entourent permettra de pallier en partie son manque d'informations (Section 1). En outre, ses compétences doivent être optimisées au maximum (Section 2).

Section 1. L'amélioration de l'information du juge unique

Le juge unique, isolé des différents acteurs qui concourent à la justice, manque d'informations pour élaborer la décision judiciaire. La mise en place d'un dialogue effectif et bienveillant, à la fois entre les magistrats (§1.) et entre le juge et les autres acteurs (§2.) permettrait de pallier cette méconnaissance entretenant l'isolement chronique du juge unique.

---

286 DE BEAUVOIR (S.), *Mémoires d'une jeune fille rangée*, éd. Gallimard, coll. Folio, 2008.

§ 1. L'amélioration de la communication interne aux juridictions

La question des relations entre le greffe et les magistrats a déjà été abordée. Il s'agit ici de voir comment renforcer le lien entre le juge et ses collègues du siège (A.) et du parquet (B.).

A. La communication entre magistrats du siège

Le cadre insuffisant de la communication : les listes de discussion. La circulation des connaissances entre magistrats du siège, tout comme au parquet, passe par des échanges électroniques *via* des listes de discussion, ou *forum*. Chaque liste est dirigée par un magistrat administrateur qui arbitre les échanges. Ces listes offrent à ceux qui la composent une information actualisée des jurisprudences et réformes nouvelles, ainsi que des réponses aux questions juridiques qu'ils se posent. Leur efficacité dépend du temps accordé par les juges, sur la base du volontariat. Lorsqu'elles fonctionnent, elles sont de riches et véritables outils de travail. Toutefois, l'apport de cet outil est limité en raison de l'impossible classement par intérêt des sujets abordés et du large flux de questions adressées, exigeant un temps important pour les lire et y répondre[287]. Leur fonctionnement mérite donc d'être perfectionné.

Institutionnaliser un nouveau cadre : les espaces de dialogue. Afin de permettre une rencontre plus systématique des juges, il faut aménager des espaces de dialogue et de concertation. Ces espaces peuvent prendre la forme de pôles ou d'assemblées générales de magistrats. Si certaines juridictions ont d'ores et déjà mis en place de tels espaces, il conviendrait de les institutionnaliser et de communiquer

---

[287] El Harrak (M.), « La gestion des connaissances au sein de la magistrature », *in* Garapon (A.), Perdriolle (S.), Bernabé (B.), « La prudence et l'autorité, l'office du juge au XXIe siècle », préc., p. 203.

auprès du corps sur leur intérêt. Ces instances de dialogue doivent toutefois demeurer à l'initiative des magistrats pour être effectives et utilement investies. L'initiative et la vie de ces espaces pourrait être confiées à un magistrat coordinateur bénéficiant d'une revalorisation statutaire[288]. À cet égard a pu être proposée l'instauration d'une « *chambre pénale* » destinée à créer du lien entre les juges de jugement et ce quel que soit leur modalité d'intervention[289]. L'idée d'un « *service pénal du siège* » a également été formulée, afin de réunir en un même espace l'ensemble des juges statuant en la matière : juge d'instruction, JAP, JLD, juges correctionnels, juge des enfants. Faute d'instituer de tels espaces, les juges « *s'enfoncent dans un individualisme contraint qui ne saurait se confondre avec l'indépendance* »[290]. En effet, l'indépendance ne peut justifier que les magistrats qui statuent à l'audience méconnaissent les phases situées en amont et en aval de leur action. Cette interconnaissance n'impose en aucun cas à ces derniers de modifier leurs décisions et est en tout point compatible avec leur pleine et entière indépendance.

Le contenu de la communication. Certaines ressources doivent être à la disposition permanente des magistrats. Il s'agit notamment de trames de jugement, de listes d'experts judiciaires, ou encore de certains articles de doctrine pertinents ou de réponses à des questions récurrentes posées sur les forums de discussion. Les trames de jugement circulent en majorité au sein des tribunaux ; leur accès peut alors être inégal selon les juridictions. Cet accès pourrait être nationalisé au sein de l'intranet Justice. Cela permettrait de recentrer les échanges, au sein des listes de discussion et des différents

---

[288] Rapport de la mission d'information du Sénat, BAS (P.) (dir.), préc., propositions n° 87 et 88, p. 226.

[289] Juger en collégiale ou juge unique, signer les OPD, homologuer les CRPC, valider les compositions pénales.

[290] DANET (J.), « Un autre management pour une justice de meilleure qualité ? » *in* DANET (J.) (coord.), *op. cit.*, préc., p. 483.

espaces de dialogue, sur les débats de fond. Des questions relatives aux difficultés rencontrées en audience, à la qualification de certaines infractions, à la déontologie ou à la lecture d'un texte ou d'une jurisprudence pourraient y être abordées. En outre, ces espaces pourraient être le lieu de discussion autour d'une harmonisation des jurisprudences des magistrats de la juridiction.

Les enjeux de la communication : l'acceptation sociale de la justice. L'hétérogénéité des jurisprudences est source de contestation des décisions de première instance. Les homogénéiser, *a minima* au niveau d'une juridiction, permettra de réduire le nombre d'appels formés par les justiciables et le ministère public. L'isolement des magistrats les uns par rapport aux autres freine la cohérence de leurs jurisprudences et, par là même, entretient la contestation de la décision rendue. À ce jour, une jurisprudence n'est pas rattachée à une juridiction mais à un magistrat. C'est ainsi que les avocats parviennent à anticiper la décision rendue selon le juge devant lequel leur client comparait, au regard de la réputation plus ou moins laxiste ou répressive qui lui est attachée. Il apparait essentiel de rétablir une cohérence dans les décisions rendues au niveau d'une juridiction : l'aléa ne doit pas se situer au niveau de la subjectivité du juge, mais au regard de données objectives relatives à l'environnement local d'une juridiction. Il en va de la crédibilité et de la légitimité de l'institution judiciaire aux yeux du justiciable et de la confiance que celui-ci place en elle. À ce titre, le rapport de Philippe BAS préconise d'instaurer un référentiel de jurisprudences pénales dans chaque juridiction afin de mettre en exergue les points de désaccord entre juges et faciliter les échanges[291]. Un tel référentiel sera facilité avec la montée en puissance de l'*open data* des décisions de justice et leur traitement par algorithmes. En outre, le rapport propose d'encourager la coordination au

[291] Rapport de la mission d'information du Sénat, BAS (P.) (dir.), préc., proposition n° 90, p. 228.

sein des pôles et services des juridictions, car « *les magistrats prennent progressivement conscience que la nécessité d'harmoniser les décisions qu'ils rendent n'est en rien une atteinte à leur indépendance mais bien un gage de bonne justice et une attente légitime pour les justiciables* »[292]. Il fait néanmoins état d'importantes réserves formulées par certains magistrats entendus par la mission d'information quant au développement d'une collégialité hors du cadre de l'audience aux fins d'uniformiser leurs jurisprudences. Ici encore, par crainte pour leur indépendance.

B. La communication entre magistrats du siège et du parquet

Participer collectivement à la démocratie interne de la juridiction. Le recueil des obligations déontologiques des magistrats énonce que « *le magistrat se doit de participer à la vie de la juridiction* »[293]. Cette participation est donc un devoir du magistrat, mais se réalise très imparfaitement en pratique, faute de temps dégagé pour ce faire. Le rapport sur « *Les juridictions du XXI*e *siècle* »[294] préconise, quant à lui, de réinjecter du dialogue social et de la démocratie dans la gouvernance interne des juridictions. Il propose d'élaborer un conseil de juridiction, constituant son comité de pilotage, composé des chefs de juridiction et du magistrat coordinateur représentant chaque pôle. Cette gouvernance doit être transparente et la plus collective possible afin de permettre aux magistrats et fonctionnaires de justice de s'exprimer au mieux. L'intégration globale des membres d'une juridiction doit permettre de redynamiser leur volonté d'y participer et dépasser le constat d'un désintérêt général lors des

---

292 *Ibid.*, p. 225.

293 Recueil des obligations déontologiques des magistrats, CSM, édition 2019, p. 24.

294 Rapport du groupe de travail présidé par MARSHALL (D.), « Les juridictions du XXIe siècle », préc.

assemblées. La gouvernance pourrait ainsi se détacher de la dyarchie traditionnelle. Cet espace serait le lieu privilégié pour faire se rencontrer les magistrats du parquet et du siège. Leurs échanges pourraient mener à l'élaboration collective des schémas d'orientation. En effet, ce *guideline* ne doit pas être le fruit de la seule concertation des deux chefs de juridiction, faute de quoi il risque d'être vécu comme imposé par la hiérarchie et, partant, rejeté ou *a minima* négligé par celles et ceux en charge de l'appliquer au quotidien. Enfin, le rapport sur « *Le juge du XXI*e *siècle* » préconise de redonner aux magistrats une vision globale de l'action pénale « *par l'instauration d'une dynamique interne d'analyse et de concertation propre à la définition d'une véritable politique de juridiction* »[295]. L'ensemble des magistrats doit comprendre le fonctionnement de la chaîne pénale et ce qu'elle produit, tant quantitativement que qualitativement. L'information permanente doit constituer une véritable « *dynamique interne d'analyse et d'explicitation* » et restituer dans l'esprit de tous les magistrats la substantifique moelle de leur action commune.

Faciliter le dialogue au sein des procédures simplifiées. Le développement des nouveaux modes de poursuites prend appui sur le juge unique. Dans le cadre des procédures négociées, le juge peut être en difficulté pour homologuer une peine dont il ne comprend pas le sens. À cet égard, il conviendrait de réfléchir au moyen d'assurer la présence du parquet lors des audiences d'homologation de CRPC afin qu'il puisse rendre compte au juge, le cas échéant, des raisons pour lesquelles il a fixé telle ou telle peine. *A minima* peut-on espérer soumettre les procureurs à une exigence de motivation des peines qu'ils proposent. En tout état de cause, le dialogue entre siège et parquet doit être permanent dans le cadre de ces procédures, *a fortiori* au regard

---

[295] Rapport du groupe de travail présidé par DELMAS-GUYON (P.), « Le juge au XXIe siècle, un citoyen acteur, une équipe de justice », préc., proposition n° 7, p. 52.

des *quanta* pénaux pouvant désormais être prononcés. Enfin, si le juge unique parvient à optimiser ses compétences en s'entourant d'une équipe, le procureur orientera sans doute plus facilement les poursuites vers lui, et non plus vers les procédures simplifiées. C'est réformer le juge unique pour ne pas l'écarter, donc.

Unifier les cultures professionnelles des magistrats. L'unité de corps au sein de la magistrature fait débat, non sur son principe, mais au regard des pratiques. Elle est menacée par les divergences de statut et de méthode existant entre le siège et le parquet. Or, l'unité doit être défendue dans l'intérêt d'une meilleure organisation judiciaire. Il convient de maintenir un positionnement en faveur d'une indépendance statuaire équivalente aux juges et procureurs, dont la différence de missions ne saurait justifier une quelconque tutelle ministérielle. Le rapport « *Quels métiers pour quelle justice ?* » relevait les différentes postures adoptées autour de la question de l'unité de corps. Celle en faveur d'une unité s'avérait majoritaire, en référence à « *un enrichissement réciproque de fonctions qui partagent une même éthique et une même culture* »[296]. Notons bien : une même culture. Il appert qu'en réalité, malgré la formation commune des magistrats, la pratique professionnelle diverge considérablement entre siège et parquet. L'unification passerait donc, à défaut d'une unité de statut, par une réelle unité de culture dont le point d'orgue serait sans conteste l'impartialité. Au surplus, c'est l'identité de méthodes qui permettrait d'opérer un rapprochement entre siège et parquet, avec au premier rang le travail en équipe. Ainsi, avec l'exigence d'impartialité[297], le parquet a dû s'aligner sur la déontologie du siège. C'est désormais au siège de s'aligner sur les méthodes du parquet.

---

[296] Rapport de la mission d'information du Sénat, COINTRAT (C.) (dir.), préc.

[297] Art. 31 C. proc. pén., issu de la loi n°2013-669 du 25 juillet 2013.

Développer une éthique du *care* au sein de la magistrature. Cette éthique, qui irrigue déjà les conceptions modernes des relations *magistrat / délinquant* et *magistrat / victime*, doit s'étendre aux relations entre partenaires de justice et, pour ce qui concerne cette étude, au sein de la magistrature. Or, il existe des dissensions, exaspérations, incompréhensions, exprimées d'un collègue à l'autre, opposant en particulier les membres du siège et du parquet. Cela traduit un défaut manifeste de communication et d'identification mutuelle. Ces disparités peuvent être dues à des modèles opposés de justice qui engendrent des éthiques professionnelles différentes[298]. Face à cela, l'éthique du *care* est un éloge de la délicatesse, une extension du souci de soi[299] au souci de l'autre. Il s'agit de prendre en compte la vulnérabilité, d'intégrer douceur et nuance dans le rapport à autrui, d'adopter une sensibilité morale empreinte d'attention, de douceur et d'empathie. Cette délicatesse est une obligation déontologique[300], mais également « *une référence éthique dans les rapports des praticiens du droit […] qui s'attache au comportement quotidien des acteurs de justice, fait de verbal, de gestuel, d'intonation de voix, de style des écrits* »[301]. Cette posture vise à « *rendre la justice plus humaine, par une plus grande attention au particulier, au contexte*

---

[298] COMMAILLE (J.), « Éthique et droit dans l'exercice de la fonction de justice », *Sociétés contemporaines*, 1991, p. 87.

[299] V. notamment sur cette question du souci de soi, FOUCAULT (M.), *Dire le vrai sur soi-même, Conférences prononcées à l'Université Victoria de Toronto*, éd. VRIN, coll. Philosophie du présent, 2017.

[300] Ordonnance n° 58-1270 du 22 décembre 1958, portant loi organique relative au statut de la magistrature art. 43, al. 1er : « *Tout manquement par un magistrat aux devoirs de son état, à l'honneur, à la délicatesse ou à la dignité, constitue une faute disciplinaire* ». V. également, Recueil des obligations déontologiques des magistrats, CSM, Édition 2019, p. 24 : « *[…] chacun doit pouvoir s'y exprimer librement, sous réserve de la délicatesse et du souci constant de l'écoute des autres participants* ».

[301] CANIVET (G.), « De la délicatesse du juriste, éloge d'une pratique désirable », *in Politique(s) criminelle(s), mélanges en l'honneur du professeur Christine LAZERGES*, éd. Dalloz, 2013.

et au détail de vie »[302] en intégrant l'attention à l'autre au cœur des pratiques judiciaires. Une éthique du *care* au sein de la magistrature, par sa dimension profondément solidariste et altruiste, participerait à recréer du lien entre ses membres, à revaloriser les acteurs et leur engagement commun. Ainsi, au-delà d'une règle déontologique, le *care* doit être une éthique de corps. Certaines pratiques peuvent permettre de la promouvoir, à l'instar de l'intervision.

Une autre forme de communication : la pratique de l'intervision. La pratique est d'abord apparue dans les années 60 dans le milieu médical et peut être définie comme « *une méthode bienveillante d'observation et de réflexion sur les pratiques professionnelles* »[303]. Importée dans le milieu judiciaire, elle consiste en l'observation par un magistrat du comportement d'un collègue à l'occasion d'une audience, avant de lui restituer ses impressions. L'intervision se déroule en deux phases : la phase d'observation (de la gestuelle, de la tenue vestimentaire, du langage, de l'accueil du justiciable, du maintien de son attention, *etc.*) puis la phase de restitution et d'échange. C'est un regard croisé fondé sur cinq principes, détaillés dans la « *Charte de l'intervision* » établie en 2008 par un groupe de travail au sein de l'ENM : l'absence de lien hiérarchique, la bienveillance à l'égard du collègue intervisé, la réciprocité, l'accord librement consenti de chacun des

---

302 *Ibid.*, l'auteur poursuit : « *En valorisant le souci de l'autre, l'importance de sa personnalité et de ses aspirations, la signifiance de son existence, la prise en compte de ses faiblesses et de sa vulnérabilité, l'éthique du* care *repose sur des qualités comme la gentillesse, la générosité ou l'amabilité et privilégie les techniques de la conversation, du dialogue, de l'écoute attentive, de la négociation, du rapprochement et de la concession* ».

303 MARSHALL (D.), ETCHEVERRY (J.-M.), « L'intervision ou comment améliorer la pratique des magistrats », *Les cahiers de la justice*, éd. ENM/Dalloz, 2010/2, pp. 129-136.

magistrats, la confidentialité de la part des interviseurs[304]. Elle a pour objet de faire réfléchir les magistrats sur leurs pratiques, d'améliorer la qualité de la justice en s'assurant de la lisibilité de l'activité judiciaire par le justiciable, mais également de lutter contre l'isolement et permettre des passerelles entre les fonctions. Les professionnels qui s'y sont essayés confirment ces bienfaits[305], tant pour la justice que pour eux-mêmes. Néanmoins, la pratique peine à s'imposer car « *les juges n'ont pas encore adopté le principe d'être jugés, y compris avec bienveillance* »[306]. En effet, ce procédé incarne l'épreuve philosophique du regard de l'autre, l'expérience d'autrui comme objectivation de soi, qui n'est pas aisée à vivre. L'interprétation sartrienne de cette expérience est celle, vicieuse, d'une réification aliénante, emportant abolition de la dimension transcendantale de l'individu[307]. Or, le regard de l'autre peut aussi être l'opportunité d'une progression pour le sujet observé. Avoir conscience de son extériorité, admettre sa propre image et se reconnaître tel qu'autrui nous voit est

[304] Chartre de l'intervision, ENM, 2008 : la Charte définie l'intervision comme étant « *une méthode bienveillante d'observation et de réflexion sur les pratiques professionnelles des magistrats qui s'inscrit dans le cadre d'une amélioration de la qualité de la Justice* ».

[305] JANAS (M.), SIMON-DELCROS (J.), « Un magistrat dans le miroir : pratique de l'intervision entre les magistrats », *Gazette du palais*, 26 octobre 2010 : « *L'intervision permet de reconsidérer notre façon de mener notre présidence d'audience, d'organiser une réunion, de façonner des tableaux de bord adaptés ou encore de diriger une juridiction… en remettant en cause des modèles ou habitudes qui peuvent n'être plus en phase avec les évolutions tant législatives que sociétales* ».

[306] Rapport du cycle approfondi d'études judiciaires 2014-2015, « *Comment évaluer la qualité de la justice ?* », p. 56. Le rapport poursuit : « *[les juges] sont de plus en plus isolés, par un penchant naturel et protecteur pour l'individualisme, la diminution de la collégialité, le cloisonnement des fonctions, l'informatisation galopante et la charge toujours plus importante de travail* ».

[307] SARTRE (J.-P.), *L'Être et le Néant*, éd. Gallimard, coll. Tel, 2008, p. 321 : « *Autrui m'est présent partout comme ce par quoi je deviens objet. […] Je saisis le regard de l'autre au sein même de mon acte, comme solidification et aliénation de mes propres possibilités* ». Pour SARTRE, le regard d'autrui est une épreuve privant de sa liberté le sujet. D'où sa formule dans *Huis clos* : « *L'Enfer, c'est les autres* ».

profondément formateur. Par cette expérience, le juge s'arrache à sa subjectivité, se critique, s'observe à travers le regard de son collègue. Toutefois, l'apport positif ou négatif du regard critique pour le sujet dépend de la posture d'autrui : soit jugeante, soit bienveillante. Dans le premier cas, il donne raison à Jean-Paul SARTRE qui faisait l'expérience désagréable du sentiment de honte en tant que personne observée. Mais si ce regard est bienveillant, il permet une évolution positive du sujet et l'établissement d'une relation de confiance. C'est l'impératif catégorique, pour l'observateur, de traiter autrui « *toujours en même temps comme une fin et jamais simplement comme un moyen* »[308], ce à quoi Paul RICŒUR ajoute la notion de respect[309]. L'expérience permettra ainsi au sujet « *d'entretenir son autocritique* » et de « *lutter contre le brin de vanité qui habite chacun d'entre nous* »[310], avec à la clé un gain d'humilité, et peut-être d'humanité, si essentielles à l'exercice de la fonction de juger.

§ 2. L'amélioration de la communication externe aux juridictions

Des acteurs publics (A.) et privés (B.) gravitent autour du juge. Une meilleure communication entre eux, à l'origine d'une information interdisciplinaire pour le juge, doit être défendue afin d'améliorer la qualité et la faisabilité de la décision produite.

---

308 KANT (E.), *Métaphysique des mœurs I. Fondation. Introduction*, éd. Flammarion, 1994, p. 104.

309 RICOEUR (P.), « Sympathie et respect : phénoménologie et éthique de la deuxième personne », *Revue de métaphysique et de morale*, vol. 59, 1954 : « *C'est dans l'analyse du respect qu'est contenue toute la philosophie kantienne de l'existence d'autrui* ».

310 MARSHALL (D.), ETCHEVERRY (J.-M.), « L'intervision ou comment améliorer la pratique des magistrats », *op. cit.*, préc., p. 136.

A. La communication avec les acteurs publics

Réinvestir les dispositifs locaux. Flexibiliser la notion d'indépendance des magistrats du siège permettrait de les sensibiliser à une logique de partenariat avec l'environnement de la juridiction. Le juge ne peut plus se passer des informations élémentaires sur les spécificités de la délinquance locale et de la politique criminelle visant à l'endiguer. Sans que ces connaissances influent sur la décision finale, elles peuvent constituer des éléments de lecture d'un dossier et une clé de compréhension du phénomène délinquant. Ces partenariats permettraient également au juge de rencontrer les autres acteurs de la chaîne pénale et de la politique criminelle locale. Dans le même temps, ces partenaires publics sont en droit de bénéficier de données sur ce que la juridiction produit, en particulier dans un contexte où la majeure partie de la réponse pénale se réalise hors des audiences publiques. Encore une fois, il n'est pas demandé au juge de rendre compte de ses jurisprudences, mais peut-être pourrait-il simplement évoquer auprès des enquêteurs quelles sont les pièces qui apparaissent les plus essentielles pour lui, sa manière de travailler, le temps dont il dispose pour préparer une audience ou traiter un dossier, *etc.* Une communication effective et réciproque est essentielle pour établir un lien de confiance, condition *sine qua non* d'un partenariat de qualité. Ce partenariat ne peut plus se passer des juges, *a minima* présents, au mieux participants. Cela contribuerait incontestablement à faire table rase des représentations professionnelles mutuelles qui nuisent aux bonnes relations de travail. Aussi, il est possible d'imaginer sensibiliser les juges à l'importance de ces dispositifs et de leur investissement en leur sein, les former à la posture qu'il convient d'y adopter et du type d'informations qu'ils peuvent y communiquer. Un magistrat référent pourrait être désigné pour représenter le siège lors des comités, à charge pour lui de restituer ce qu'il y a dit, vu, entendu et ressenti, auprès de ses collègues. En outre, pour faciliter l'organisation et l'évaluation au long court des partenariats ainsi institués, il a pu être proposé d'instituer un métier en tant que tel, venant en soutien aux chefs de juridiction[311] et éventuels magistrats référents.

Améliorer les formations universitaires. La solitude des magistrats est d'autant plus forte lorsque ceux-ci sortent d'une formation universitaire qui n'a que peu à voir avec les pratiques dans lesquelles ils sont plongés. Certes, les facultés de droit souffrent d'importantes restrictions budgétaires pouvant freiner le développement de projets en partenariats avec les juridictions. Néanmoins, au-delà de cette entrave matérielle, il y a, encore une fois, celle de la culture. Or, la culture universitaire est bien souvent aux antipodes des qualités requises au sein des cabinets d'avocats et des juridictions. Le savoir savant et le triptyque traditionnel d'exercices juridiques qui s'y rattachent sont fondamentaux pour aiguiser la rigueur du juriste et, parfois, son esprit critique. Toutefois, il faut admettre que l'université française forme avant tout des chercheurs, non des praticiens. Or, la majorité des étudiants qui peuplent les promotions de droit aspire plus souvent à embrasser une carrière hors de l'université. Mais malgré un riche bagage universitaire de quatre ou cinq années d'études, ils peuvent difficilement faire l'économie d'une préparation privée pour prétendre aux concours de la fonction publique ou au CRFPA. C'est ainsi qu'un pourcentage important d'admis au concours d'entrée de l'ENM sort non pas de l'université de droit, mais de Sciences Po. Pour l'étudiant formé au sein des facultés de droit, le choc est parfois brutal lorsqu'il est confronté pour la première fois à la réalité de la pratique, à l'état réel de nos juridictions, au manque de temps des magistrats pour réfléchir sur leurs pratiques et les règles de droit. Fort heureusement, l'impératif de former les jeunes étudiants, animés des meilleures volontés qui soient, au regard de leur pratique future, émerge au sein

[311] DANET (J.), « Un autre management pour une justice de meilleure qualité ? » *in* DANET (J.) (coord.), *op. cit.*, préc., p. 493.

des facultés. Des conventions de partenariat sont conclues entre l'université et les juridictions, afin de prioriser les étudiants de la ville dans le cadre d'offres de stage, d'encourager l'intervention de praticiens au sein des facultés, *etc.* Mais, au-delà de ces partenariats, ce sont peut-être les méthodes universitaires qu'il conviendrait de faire évoluer : mettre de côté l'exercice académique du commentaire au profit d'exercices demandés aux concours, revaloriser l'expression orale dans le cadre de mises en situation, communiquer davantage sur la pratique au sein des enseignements. Il est difficilement concevable qu'un étudiant titulaire d'un master de droit privé, à qui l'on demande d'être incollable en droit des contrats, ne soit pas formé à en rédiger ; qu'un pénaliste n'ait jamais ouvert de dossier correctionnel ou criminel, *etc.* En outre, c'est dès l'université que le juriste doit être sensibilisé au travail en équipe et décentré d'une logique concurrentielle et individualiste[312]. Les jeunes juristes doivent être mieux préparés à l'environnement qui les attend, afin d'éviter d'incorrigibles errements, tel le lancement dans l'exercice individuel de la profession d'avocat à la sortie d'école. Si l'université parvient à se réformer, il y a beaucoup à parier sur sa victoire : elle concurrencerait les préparations privées et doterait de davantage de sens ses enseignements. C'est parce que nous croyons profondément en les vertus de cet apprentissage public, dispensé par des équipes pédagogiques compétentes et investies, que nous souhaitons voir les facultés de droit s'ouvrir aux pratiques de terrain et tirer enfin leur épingle du jeu sur le marché du travail.

---

[312] DANET (J.), « Brèves réflexions sur une réforme de la justice ambitieuse et sur ses enjeux profonds », *Dalloz actualité*, 17 avril 2019. L'auteur note que : « *Ces phénomènes sont d'abord le résultat d'une pédagogie universitaire archaïque. Car le socle commun des formations initiales des avocats et magistrats à l'université est là : c'est la culture de l'individualisme, le défaut d'apprentissage du travail en commun* ».

Créer du lien entre la recherche et les juridictions. Au-delà de la formation des étudiants, le cordon entre l'université et les juridictions ne doit pas être coupé, au regard des recherches de qualité qu'elle est en capacité de produire. Le savoir universitaire est précieux pour éclairer le praticien et lui apporter le recul nécessaire pour penser sa pratique. Toutefois, faute de moyens financiers suffisants, les recherches peuvent être limitées aux appels d'offre formulés par les ministères. Augmenter les budgets alloués aux laboratoires de recherche permettrait ainsi d'accroître leur indépendance. Les chercheurs pourraient collaborer plus librement avec les juridictions et les institutions de leur choix : leur travail pourrait s'inscrire dans le cadre d'un partenariat, au service de la pratique. En outre, il serait intéressant que les juridictions puissent solliciter elles-mêmes des études, pour être informées sur des points techniques eu égard aux problématiques rencontrées par les magistrats : l'efficacité d'une peine, la faisabilité d'une mesure au regard du contexte local, des données sociodémographiques relatives à la criminalité, *etc.* Pluridisciplinaires, les recherches universitaires diffusent les méthodes et connaissances des sciences humaines et sociales pour tenter, parfois, d'enrichir les pratiques. Au sein du monde judiciaire, elles permettraient aux praticiens d'inscrire leur action dans un contexte et un mouvement global, un système. C'est pourquoi il est urgent, en matière de justice, de réunir enfin ceux qui la pensent et ceux qui la font.

B. La communication avec les acteurs privés

Rapprocher le juge et le barreau. Ces corps professionnels, autrefois « *partenaires de justice* »[313], ont aujourd'hui parfois bien du mal à se comprendre. Il existe entre eux une fracture sociologique, en raison de la différenciation croissante des profils qui les occupent. Le

[313] Tels que les appelaient Alain PEYREFITTE.

magistrat est bien souvent issu d'un milieu social plus favorisé, tandis que la profession d'avocat se popularise. En outre, l'équivalence des diplômes entretient une forme de crise identitaire : le magistrat doit assurer son autorité face à des avocats ayant un niveau d'études identique au sien. D'aucuns dénoncent une architecture des palais de justice qui renforce cette fracture[314]. Seule la communication permet de dépasser les conventions de façade, les représentations erronées, voire le mépris. Les rapports entre juge et avocat doivent être sains, apaisés. L'image de la justice est en jeu : ils sont les acteurs du procès les plus visibles par les justiciables. C'est aussi la qualité de la justice qui en dépend et qui a tout à gagner si une véritable collaboration entre les deux professions pouvait voir le jour. À cet égard, les postures – physiques et intellectuelles[315] – de chacun doivent être empreintes de loyauté et de respect. À l'occasion d'un colloque organisé à la Cour de cassation sur les déontologies croisées entre avocats et magistrats[316], Monsieur Bertrand LOUVEL, premier président près cette Cour, avait introduit l'idée d'une instance ayant vocation à les rapprocher. Un tel projet doit incontestablement être défendu. Il faut, pour cela, réfléchir au format de représentation de la profession d'avocat, qui repose sur une grande variété d'instances[317], et de celle de magistrat dans toute sa pluralité. Cette instance aurait pour mission de « *servir de*

---

[314] CURIEL (D.), DE MONVAL (B.), « Le tribunal de Paris à l'image de la justice française », *Dalloz actualité*, 23 novembre 2018. Les auteurs dénoncent une « *détérioration des liens magistrats-avocats […] L'architecture du nouveau palais rend toujours plus difficile les contacts informels. La confiance s'érode* ».

[315] Nous entendons par posture physique les attitudes parfois adoptées lors des audiences, visant à déstabiliser l'autre par des propos acerbes, un dépôt tardif de conclusions, ou tout autre comportement dilatoire. Les postures intellectuelles renvoient aux représentations que chacun se fait de la logique de l'autre.

[316] Cour de cassation, colloque « *Déontologies croisées des magistrats et des avocats* », 30 novembre 2017.

[317] Notamment, la Conférence des bâtonniers de France, le Conseil national des barreaux, l'Ordre des avocats.

cadre de dialogue, mettre en évidence des règles de bonne conduite, édicter des recommandations ». Elle serait « *une réponse concrète, à vocation pérenne* » aux sources de discorde entre les deux professions, qui nourrissent pourtant le même dessein : la recherche de la vérité[318], et dont « *la plupart, pour ne pas dire la totalité de [leurs] valeurs, telles qu' [ils les ont] ensemble égrenées, sont partagées* »[319]. Pour le juge unique, une telle relation de confiance est essentielle, dans la mesure où la technicité croissante du contentieux qu'il est amené à connaître le met parfois en porte à faux face à certains avocats. Il est ainsi dans l'intérêt de chacun d'unir les expertises pour concourir efficacement à la justice. Dans l'intérêt de l'avocat et de son client d'abord, qui bénéficieront d'une écoute que l'on peut croire plus attentive de la part du juge ; dans l'intérêt du parquet ensuite, pour garantir l'efficience des circuits procéduraux reposant sur l'accord du prévenu assisté d'un conseil, et la fluidité du *process* quand les renvois sont limités ; et dans l'intérêt du juge enfin, pour qui l'avocat est une source capitale de connaissances juridiques et d'informations sur la personne jugée, dans l'élaboration de son jugement.

Rapprocher le juge et le justiciable. Le juge unique est un juge particulièrement éloigné du justiciable. Or, dans un contexte où « *l'exigence d'une justice irréprochable est plus que jamais souhaitée par nos concitoyens qui traversent une profonde crise de confiance à l'égard des institutions républicaines* »[320], la proximité du justiciable et de son juge sert amplement la légitimité de l'institution judiciaire. Des instances où les juridictions exposent publiquement leurs politiques et recueillent les

---

318 Cour de cassation, colloque préc., intervention d'Yves MAHIU, président de la Conférence des bâtonniers de France et d'Outre-mer, qui évoquait la recherche de la vérité comme idéal commun guidant les deux professions.

319 Cour de cassation, colloque préc., intervention de Bruno PIREYRE, président de Chambre à la Cour de cassation.

320 Cour de cassation, colloque préc., intervention d'Olivier LEURENT, directeur de l'ENM.

attentes formulées par leurs partenaires et les citoyens pourraient être institués, afin de répondre aux besoins de lisibilité et d'accessibilité de la justice et du droit[321]. Pour le juge, ce rapprochement doit passer par une amélioration des connaissances qu'il dispose sur la personne qu'il juge. À ce titre, le recours aux enquêtes sociales pourrait ainsi être étendu aux audiences à juge unique. En outre, les pièces à disposition du juge dépendent pour beaucoup de l'assistance du prévenu par un avocat, qui se fait plus rare dans les audiences à juge unique. Une revalorisation des montants alloués dans le cadre de l'aide juridictionnelle pourrait permettre de renforcer cette assistance. Enfin, une communication effective entre le justiciable et son juge implique un temps d'audience suffisant, qui n'est possible qu'à la condition de décharger le rôle et de mieux respecter les délais de la circulaire « *Lebranchu* » : un nombre plus restreint de dossiers induit un temps de préparation et d'instruction à l'audience plus long pour chaque affaire.

Rapprocher le juge et les structures d'accueil des condamnés. Dans l'optique d'une meilleure compréhension des peines qu'il prononce, le juge unique doit en connaître les modalités d'exécution. Or, l'exécution de certaines peines se déroule au sein de structures de droit privé. Celles-ci sont souvent contraintes par un budget serré, dû à une restriction des financements publics, et un nombre limité de places d'accueil. Le juge doit connaître les structures qui accueillent les tigistes, les condamnés à une peine de stage, ceux bénéficiant d'un aménagement de peine en milieu ouvert, *a fortiori* encouragé comme il est à aménager *ab initio*. Il doit pouvoir mesurer la faisabilité d'un d'aménagement ou d'une peine. De même, il ne peut faire l'économie d'un savoir minimal sur les conditions de mise en œuvre des diverses obligations à la charge d'un probationnaire. Ce partage de

---

[321] Propositions formulées au sein du rapport du groupe de travail présidé par MARSHALL (D.), « Les juridictions du XXIe siècle », préc.

connaissance a aussi pour but d'établir une relation entre la juridiction et ses partenaires au stade du jugement – et non plus seulement au stade de l'enquête et de l'aménagement de la peine – et de discuter sur la faisabilité de telle ou telle sanction. Véhiculer ce savoir issu des partenaires civils de la justice participerait à réinjecter du sens à la peine en renforçant la certitude de son exécution.

Une élaboration collective de la décision pénale. En définitive, le fait d'apprécier les charges, de moduler une peine et de la prononcer, ne peut se passer d'un minimum de connaissances. Celles-ci sont plurielles, tant dans leur source que dans leur contenu. Elles sont issues des partenaires publics et privés des juridictions, des acteurs qui concourent à la justice aux côtés des magistrats, des chercheurs au sein des universités et du justiciable lui-même. Elles portent sur les politiques pénales et criminelles, sur le vécu des professionnels qui gravitent autour du juge, sur la personne jugée et sur toute autre sorte de sujet pouvant être abordé dans le cadre de recherches universitaires. Ce constat fait écho aux mots d'un rapport d'information précité : « *cette fragmentation exerce des effets délétères sur la justice française qui a plus que jamais besoin de s'appuyer sur l'unité de corps et sur une collaboration resserrée entre le barreau, le palais et l'université pour devenir plus forte* »[322]. Ainsi, la décision doit être le fruit d'un travail collectif, dans son mode opératoire (travail en équipe) et dans les savoirs qui la façonnent (augmenter les connaissances).

---

[322] GARAPON (A.), PERDRIOLLE (S.), BERNABÉ (B.), « La prudence et l'autorité, l'office du juge au XXIe siècle », préc., p. 160.

Section 2. L'optimisation des compétences du juge unique

Pallier la solitude intellectuelle du juge unique, c'est aussi lui permettre d'être plus à l'aise dans ses raisonnements juridiques. L'accent doit être mis sur la formation continue des magistrats (A.) et sur une spécialisation dont l'institution ne peut raisonnablement plus faire l'économie, vu le gain de performance et de qualité qu'elle permet (B.).

§ 1. Le développement de la formation du juge unique

Il convient d'aménager du temps au juge unique pour qu'il se forme (A.) et qu'il maîtrise au mieux les contentieux relevant de sa compétence (B.).

A. L'organisation de la formation du juge unique

Assurer la gestion des services pendant le temps de formation. À l'heure actuelle, lorsqu'un magistrat part en formation, son cabinet est mis entre parenthèses. Cela peut freiner l'initiative du juge de se former. Toutefois, s'il est accompagné par des collaborateurs qualifiés, capables de gérer les affaires urgentes de son cabinet durant sa formation, il pourra plus facilement s'investir dans une formation, sans craindre un retard colossal dans l'avancement des dossiers.

Une formation continue obligatoire. La formation continue nationale est issue du décret du 4 mai 1972 et prolonge la formation initiale. Elle est obligatoire depuis le 1er janvier 2008 : tous les magistrats doivent suivre un minimum de cinq jours de formation par an. Le magistrat s'inscrit sur les formations de son choix. En outre, s'y ajoute une formation au changement de fonctions lorsqu'un magistrat est nommé sur un nouveau poste. Enfin, le magistrat peut mettre en place des stages, à son initiative.

Une formation au sens large. Outre le cadre traditionnel de formation des magistrats au sein de l'ENM, il est possible d'imaginer d'autres types de formations, peut-être moins institutionnels, renvoyant à une formation intellectuelle par l'ouverture à d'autres disciplines. Les partenariats avec les universités permettent une formation pluridisciplinaire et un apport en sciences humaines offrant au juge une prise de hauteur sur ses pratiques. Ces rencontres entre universitaires et praticiens peuvent se faire *via* des colloques[323], séminaires au sein des universités où les chercheurs exposent les résultats de leurs recherches, où au sein des juridictions où les universitaires sont conviés. Ces partages de connaissances participent amplement à la formation intellectuelle du juge et doivent être promus. Le cadre de ces échanges peut également prendre la forme de conférences de consensus : le juge serait enrichi par le point de vue et les préoccupations les acteurs qui l'entourent.

B. Le contenu de la formation du juge unique

Une offre de formation consistante. Le catalogue de formation continue de l'ENM[324] propose des sessions extrêmement riches et variées. Elles traitent du droit civil et pénal de fond et de forme, de déontologie professionnelle, de relations internationales, de stratégie de communication, de techniques de gestion d'audience, *etc.* Des formations

[323] Les nombreux colloques organisés par la Cour de cassation en sont un exemple. En province, les facultés de droit proposent également régulièrement des réflexions interdisciplinaires ouvertes au public. V. par exemple le colloque « *Les mutations de la procédure pénale. Regards croisés à l'occasion des soixante ans du Code de procédure pénale* », organisé les 25 et 26 avril 2019 par l'Université de Rennes.

[324] École nationale de la magistrature, *Catalogue de formation continue*, édition 2019.

diplômantes, des cycles d'études approfondis et des formations à l'étranger sont dispensées.

Une offre de formation à la fois spécialisée et généraliste. Chaque année, le catalogue de formation de l'ENM met en exergue des thèmes transversaux traités au sein de cycles d'études approfondis. Ces cycles ont été créés pour renforcer les compétences des magistrats dans des domaines spécifiques. Ils représentent 20 à 30 jours par an. En 2019, ces thèmes sont le droit de l'entreprise, la lutte antiterroriste, la criminalité organisée, la transition numérique, l'Europe et la mondialisation et, enfin, la justice des mineurs.

Le reflet des exigences croissantes reposant sur les magistrats. L'offre de formation, dans toute sa pluralité et sa technicité, reflète la multiplicité des compétences que l'on exige du juge. Le champ des connaissances requises est de plus en plus diversifié et le large choix de formations techniques correspond à la complexification croissante du droit : on ne compte pas moins de 74 codes regroupant nos textes de lois, aux côtés des normes règlementaires et de leur interprétation formulée par les Cours suprêmes. En ce sens, la formation continue dispensée dans le cadre de l'ENM est précieuse pour permettre aux magistrats de suivre les évolutions du droit et se former tout au long de leur carrière.

Le besoin particulier de formation du juge unique. La compétence du juge unique est plus que jamais diversifiée, comme en atteste la liste d'infractions contenues dans l'article 398-1 C. proc. pén. Il est humainement impossible pour ce juge de maîtriser l'ensemble des contentieux qui lui sont dévolus ; ou du moins à les maîtriser suffisamment pour en saisir toutes les nuances, alors même que ses fonctions exigent de lui une rigueur juridique irréprochable. En ce sens, le contenu de l'offre de formation, à la fois spécialisé et généraliste, correspond aux besoins du juge unique.

Toutefois, même formé, une telle omniscience du juge unique relève de l'utopie, sauf à le spécialiser.

§ 2. Le développement de la spécialisation du juge unique

La liste des infractions relevant de la compétence du juge unique est longue et comprend des contentieux très techniques. Réfléchir aux moyens de spécialiser ce magistrat présente des avantages à la fois pour lui (A.) et pour le justiciable (B.).

A. Spécialiser le juge unique pour améliorer sa pratique

La faible spécialisation des juges de jugement. Les juges correctionnels n'ont jamais fait l'objet d'une spécialisation, malgré l'émergence de nombreuses fonctions spécialisées au sein du siège : JAP, JLD, juge d'instruction et juge des enfants. La spécialisation au stade du jugement demeure rare en pratique, sauf contentieux très spécifiques[325].

Une spécialisation souhaitable du juge unique. La diversification des compétences du juge unique correctionnel en a fait un véritable « touche-à-tout » en matière pénale. Mais la technicité des infractions qu'il a à connaître aujourd'hui, en parallèle d'une exigence croissante d'individualisation de la peine, rend sa tâche extrêmement difficile. La multiplication du type d'infractions à traiter est usante car plus le champ de compétences est large, moins la connaissance sera approfondie sur le sujet.

Organiser la spécialisation du juge unique. Une spécialisation des juges uniques leur permettrait de se répartir,

---

325 Par exemple, depuis 2015, une chambre spéciale du TGI de Paris, la « 16-2 », est chargée de traiter spécifiquement les délits terroristes.

à l'échelle d'une juridiction, les différentes infractions de l'article 398-1 C. proc. pén. Sous réserve des ressources humaines à disposition des juridictions, on peut ainsi imaginer un juge spécialisé en matière routière, un en matière d'atteintes à l'intégrité des personnes, un autre pour traiter les atteintes aux biens et un dernier en matière de requêtes. L'attribution de ces spécialisations peut faire l'objet d'un accord interne à la juridiction, sur la base de vœux formulés par les juges. En cas de pluralité de candidatures sur une même spécialisation, un roulement peut être prévu. Toutefois, on peut craindre qu'une telle répartition ne soit pas réalisable dans les petites juridictions, qui ne bénéficient pas d'un nombre de magistrats suffisant. Néanmoins, ces juridictions pourront décharger le juge unique d'une part de son contentieux par le recours à l'OPD pour les infractions de moindre gravité. C'est là tout l'avantage d'une mise en concurrence des procédures, qui aboutirait à une spécialisation *de facto* du juge unique. En outre, une spécialisation à l'échelle d'une cour d'appel pourrait être mise en place pour le traitement des contentieux minoritaires relevant du juge unique : par exemple, en matière de propriété intellectuelle ou de sévices commis sur les animaux, un seul magistrat du ressort pourrait être désigné. Ainsi, la constitution de pôles spécialisés dans le ressort d'une cour permettrait de délocaliser certains contentieux spécifiques ; mais cela ne peut se faire qu'avec la collaboration des avocats, qui devront accepter de se spécialiser et se soumettre à davantage de mobilité. Ces mots ne resteront certainement pas lettre morte, au regard du large mouvement de spécialisation que connait la procédure : techniques spéciales d'enquêtes, juridictions spécialisées, régimes de peine dérogatoires. Du côté des magistrats, la spécialisation est bien acquise au sein du parquet et d'une partie du siège ; et l'on peut raisonnablement croire qu'elle s'étendra aux juridictions de jugement de droit commun.

Les apports de la loi du 23 mars 2019. Cette loi a créé des pôles spécialisés au sein des TGI d'un même département, en confiant à un seul d'entre eux le traitement d'un contentieux de grande technicité et de faible volumétrie[326]. Toutefois, la loi exclue toute spécialisation pour les infractions relevant de la compétence du juge unique. Étendre cette spécialisation serait une piste de réforme ultérieure, au vu du gage de qualité et de performance qu'elle induit. Ce serait aussi reconnaître les difficultés que rencontre le juge unique, admettre qu'il ne s'occupe plus seulement du « petit pénal » et que lui aussi a besoin d'être spécialisé.

Sécuriser le juge unique et le rendre plus performant. Spécialisé, le juge unique disposerait d'une meilleure maîtrise du contentieux qui lui revient. Le risque d'être mis en difficulté à l'audience serait ainsi diminué : il maîtriserait davantage les spécificités de chaque infraction, serait plus à l'aise pour statuer sur des conclusions de nullités déposées par des avocats en défense parfois eux-mêmes spécialisés. L'instruction d'audience et la fixation de la peine seraient ainsi facilitées.

B. Spécialiser le juge unique pour améliorer la qualité de sa décision

Les variables de la qualité de la justice. Celles-ci sont, telles que formulées par Jean-Marc SAUVÉ, au nombre de six[327] : l'accès à la justice, la célérité du procès, la stabilité et la prévisibilité des jugements, la qualité de la relation entre le juge et le justiciable, l'intelligibilité et l'acceptabilité sociale de la décision.

---

[326] Loi n° 2019-222 du 23 mars 2019, art. 95 I 17°.

[327] SAUVE (J.-M.), « Les critères de la qualité de la Justice », *Célébration des vingt ans du tribunal de première instance des communautés européennes*, 25 septembre 2009.

Améliorer la prévisibilité de la décision de justice. Lorsqu'un contentieux donné revient à un seul juge, celui-ci détermine naturellement sa propre jurisprudence. La spécialisation vient donc réduire l'aléa judiciaire[328]. La sécurité juridique du justiciable est renforcée, ainsi que la crédibilité de l'action judiciaire. Un magistrat qui maîtrise toute la technicité d'un contentieux donné, qui forge son expérience, rendra une décision de meilleure qualité, qui sera certainement moins contestée dans le cadre d'un recours.

Améliorer l'intelligibilité de la décision de justice. En outre, un juge expérimenté sur un contentieux donné a moins de risques de prononcer une décision incohérente ou inexécutable. Sa maîtrise lui permettra d'offrir au justiciable une motivation plus aboutie.

Renforcer l'autorité du juge. Si cette donnée ne figure pas explicitement parmi les variables formulées *infra*, elle se rattache à la qualité de la relation entre le justiciable et son juge, ainsi qu'à l'acceptabilité sociale de la décision rendue. L'autorité du juge participe à la perception du jugement comme étant *juste*. L'autorité est, non pas le fait d'être autoritaire, mais d'être perçu comme étant légitime. Elle suppose à la fois un savoir juridique sûr et une certaine expérience[329], tous deux favorisés par la spécialisation et nécessaires au juge pour forger sa décision avec discernement et hauteur de vue. L'autorité procure ainsi l'adhésion des parties : elle est une inclination, une reconnaissance.

---

328 GARAPON (A.), PERDRIOLLE (S.), BERNABÉ (B.), « La prudence et l'autorité, l'office du juge au XXIe siècle », préc., proposition n° 89, p. 227. Le rapport préconise d'expérimenter la spécialisation des juges siégeant au tribunal correctionnel afin de permettre une meilleure homogénéisation des jurisprudences.

329 *Ibid.*, p. 152 : « *La connaissance privilégiée des cas difficiles, le nombre d'affaires, la spécialisation, l'ancienneté : tout cela procure aux juges une expérience qui contribuera à asseoir leur autorité* ».

Faire s'épanouir le sentiment de justice. À nos yeux, ce sont également d'autres qualités telles que l'écoute, la bienveillance et la délicatesse qui fondent le sentiment de justice. Le justiciable doit avoir le sentiment d'avoir été entendu, peut-être compris. De telles qualités relèvent de l'éthique personnelle du magistrat. Mais si l'on y adjoint une logique de service, une éthique communicationnelle et l'accroissement des connaissances du juge, le procès apparaîtra, aux yeux du justiciable, comme un ensemble stable et cohérent. Tous ces éléments permettront au juge unique d'inscrire sa décision sur le temps long, de la projeter dans l'avenir du justiciable, pour rendre à son office tout son sens, sa rationalité et son humanité. Et, par là même, l'entière légitimité de l'institution à laquelle il appartient.

Conclusion

La notion de juge unique doit être dépassée[330]. L'ensemble des solutions qui ont été évoquées visent à mettre fin à son isolement chronique pour augmenter l'attractivité de son poste et optimiser ses compétences pour éviter qu'il ne soit évincé. Ce sont également les conditions de travail du juge et l'enjeu capital d'améliorer la qualité de la justice qui exige de conserver une relation entre le justiciable et son juge, qui sont en cause. Les réformes en cours et le foisonnement de réflexions sur ces questions permettent d'être optimistes sur les changements profonds à l'œuvre et à venir. La vacance de postes est en passe d'être résorbée, des pôles spécialisés seront créés dans les départements accueillant plusieurs TGI, la nécessité d'adopter une vision collaborative du travail des magistrats fait son chemin dans les esprits.

Cependant, on peut bien créer de nouveaux comités et espaces de dialogue pour faire se rencontrer les magistrats, introduire de nouvelles fonctions d'assistance pérennes : l'efficience de ces réformes dépendra de l'adhésion des juges, sans quoi elles seront perçues comme étant imposées et attiseront la tendance au repli sur soi. Le juge doit accepter de mettre en œuvre une véritable réflexion sur sa pratique et sur son statut indépendant, qui lui permet bien plus qu'il ne le croit. Albert CAMUS le disait, « *la justice meurt dès l'instant où elle*

---

[330] Au sens nietzschéen, le dépassement passe par la volonté de puissance affirmative comme chemin pour atteindre un idéal : le Surhomme. Pour le juge unique, ce dépassement passe par le collectif.

devient un confort, où elle cesse d'être une brûlure, et un effort sur soi-même »[331].

Ainsi, le changement est dans les cultures, plus que dans les méthodes[332]. Si un tel changement ne se produit pas, que le juge unique correctionnel ne parvient pas à exalter toute sa performance pour concurrencer efficacement les procédures simplifiées, il est à craindre qu'il soit réduit à les servir et définitivement mis au banc du *process* judiciaire. S'il parvient à se dépasser, à se muer de *juge unique* à *juge statuant seul en réseau*, il y a fort à parier sur son renouveau. Le juge doit ainsi faire corps avec l'environnement judiciaire et social dont il dépend et au nom de qui il agit. Il n'est ni un surhomme, ni un virtuose, mais un soliste qui a besoin de tout un orchestre pour sublimer la justesse et la profondeur de son art[333].

---

331 CAMUS (A.), *Actuelles, Tome 2 – Chroniques 1948-53 : écrits politiques*, éd. Gallimard, coll. NRF, 1953.

332 Pour reprendre le titre de la conclusion du rapport « La prudence et l'autorité, l'office du juge au XXIe siècle », préc., p. 159.

333 En guise d'illustration : les solistes des concertos pour piano n° 2, *do mineur*, *op.18* (moderato), 1900, et n°3, *ré mineur*, *op.30* (allegro), 1909, de Sergueï RACHMANINOV, dont l'écoute a accompagné l'écriture de ces lignes.

Index

A

B

C

D

N

O

P

Q

R

S

T

U

V

Bibliographie

I / Les ouvrages généraux

ALAIN, *Propos sur les pouvoirs*, éd. Gallimard, coll. Folio essais, 1985 ;

BAUDELAIRE (C.), *Les Fleurs du Mal*, éd. Le livre de Poche, coll. Classiques, 1972 ;

DE BEAUVOIR (S.), *Mémoires d'une jeune fille rangée*, éd. Gallimard, coll. Folio, 2008 ;

BECK (U.), *La société du risque : Sur la voie d'une autre modernité*, éd. Aubier, 1986 ;

BECKETT (S.), *En attendant Godot*, éd. Les Éditions de Minuit, 1956 ;

BIDAR (A.), *Comment sortir de la religion ?*, éd. La découverte, coll. Les empêcheurs de tourner en rond, 2012 ;

BRETON (A.), *Manifestes du surréalisme*, éd. Gallimard, coll. Folio essais, 2013 ;

CAMUS (A.), *Pléiade, Vol. II*, éd. Gallimard, coll. Bibliothèque de la Pléiade, 2008 ;

CAMUS (A.), *Actuelles, Tome 2 – Chroniques 1948-53 : écrits politiques*, éd. Gallimard, coll. NRF, 1953 ;

CASTEL (R.), *La montée des incertitudes*, éd. Le Seuil, 2009 ;

CLAUDEL (C.), *Lettre à Rodin, 1886, in Camille Claudel, Correspondance*, éd. Gallimard, coll. Art et Artistes, 2003 ;

DAGEN (P.) et HAMON (F.), *Époque contemporaine, XIXᵉ – XXIᵉ siècles*, éd. Flammarion, coll. Histoire de l'art, 2011 ;

DOUCET (M.-C.), *Solitude et sociétés contemporaines : une sociologie clinique de l'individu et du rapport à l'autre*, éd. PUQ, coll. Problèmes sociaux et interventions sociales, 2007 ;

FOUCAULT (M.), *Naissance de la biopolitique. Cours au Collège de France, 1978-1979*, éd. Seuil, coll. Hautes Études, 2004 ;

FOUCAULT (M.), *La volonté de savoir*, éd. Gallimard, 1976 ;

FOUCAULT (M.), *Surveiller et punir*, éd. Gallimard, coll. Tel, 2016 ;

FOUCAULT (M.), *Dire le vrai sur soi-même, Conférences prononcées à l'Université Victoria de Toronto*, éd. VRIN, coll. Philosophie du présent, 2017 ;

KANT (E.), *Métaphysique des mœurs I. Fondation. Introduction*, éd. Flammarion, 1994 ;

LAGAUZERE (D.), *Le masochisme social*, éd. L'Harmattan, coll. Logiques sociales, 2009 ;

SCHUTZ (W.) et LECOMTE (J.), *l'élément humain : comprendre le lien entre estime de soi, confiance et performance*, éd. InterÉditions, 2006 ;

MARCH (J.) et SIMON (H.), *Les organisations*, éd. Dunod, 1969 ;

DE MONTAIGNE (M.), *Les Essais*, éd. Gallimard, coll. Quarto, 2009 ;

ROSENTHAL (R.), JACOBSON (L.), *Pygmalion à l'école : l'attente du maître et le développement intellectuel des élèves,* éd. Casterman, 1971 ;

ROUSSEAU (J.-J.), *Rêveries du promeneur solitaire*, éd. Le Livre de Poche, coll. Classiques, 2012 ;

SARTRE (J.-P.), *L'existentialisme est un humanisme*, éd. Gallimard, coll. Folio essais, 1997 ;

SARTRE (J.-P.), *Huis-Clos*, éd. Gallimard, coll. Folio Poche, 2000 ;

SARTRE (J.-P.), *L'Être et le Néant*, éd. Gallimard, coll. Tel, 2008 ;

SIMON (H.), *Administrative behavior*, éd. Free Press Publication, 1945 ;

STIEGLER (B.), *« Il faut s'adapter », sur un nouvel impératif politique*, éd. Gallimard, coll. NRF Essais, 2019.

II / Les ouvrages à thématique juridique et judiciaire

BASTARD (B.), MOUHANNA (C.), *Une justice dans l'urgence, le traitement en temps direct des affaires pénales*, éd. PUF, coll. Droit et justice, 2007 ;

BECCARIA (C.), *Traité des délits et des peines*, chapitre XIV, éd. Flammarion, 2006 ;

BOYER (L.) et ROLAND (H.), *Adages du droit français*, éd. Litec, 1999 ;

CARBASSE (J.-M.), *Histoire du droit pénal et de la justice criminelle*, éd. PUF, 2014 ;

DANET (J.) (coord.), *La réponse pénale. Dix ans de traitement des délits*, éd. PUR, coll. L'univers des normes, 2013 ;

DANET (J.), *La justice pénale entre rituel et management*, éd. PUR, coll. L'univers des normes, 2010 ;

DELMAS-MARTY (M.), *Les grands systèmes de politique criminelle*, éd. PUF, 1992 ;

DELMAS-MARTY (M.), *Procédures pénales d'Europe*, éd. PUF, 1995 ;

FAGET (J.), *Justice et travail social, le rhizome pénal*, éd. Erès, coll. Trajets, 1992 ;

FRYDMAN (B.), JEULAND (E.) (dir.), *Le nouveau management de la Justice et l'indépendance des juges*, éd. Dalloz, coll. Thèmes et commentaires, 2011 ;

GARAPON (A.), *Le gardien des promesses : Justice et Démocratie*, éd. Odile Jacob, 1996 ;

GARAPON (A.), GROS (F.), PECH (T.), *Et ce sera justice. Punir en démocratie*, éd. Odile Jacob, 2001 ;

GARAPON (A.), *La Raison du moindre État, Le néolibéralisme et la justice*, éd. Odile Jacob, 2010 ;

GARCON (M.), *Lettre ouverte à la justice*, éd. Albin Michel, 1966 ;

GORPHE (F.), *Les décisions de justice. Étude psychologique et judiciaire*, éd. PUF, 1952 ;

LAZERGES (C.) et GIUDICELLI-DELAGE (G.) (dir.), *La dangerosité saisie par le droit pénal*, éd. PUF, 2015 ;

LEBIGRE (A.), *La justice du roi : la vie judiciaire dans l'ancienne France*, éd. Complexe, 1995 ;

MONTESQUIEU, *De l'esprit des lois*, éd. Classiques Garnier, 1871 ;

SALAS (D.), *Du procès pénal*, éd. PUF, coll. Quadrige Essais Débats, 1992 ;

SALAS (D.) et GARAPON (A.), *La République pénalisée : Débat avec Olivier Mongin*, éd. Hachette, 1996.

III / Les traités et manuels

DESPORTES (F.) et LAZERGES-COUSQUER (L.), *Traité de procédure pénale*, éd. Economica, coll. Corpus droit privé, 2009 ;

GRIFFON (L.), *Guide de l'exécution des peines*, éd. LexisNexis, 2017 ;

GUINCHARD (S.), BUISSON (J.), *Procédure pénale*, éd. Lexis Nexis, coll. Manuel, 2018 ;

HELIE (F.), *Traité de l'instruction criminelle*, Tome I, éd. Plon, 1866 ;

MERLE (R.), VITU (A.), *Traité de droit criminel, tome 2, Procédure pénale*, éd. Cujas, 2001.

IV / Les thèses

MESTRE (J.-F.), *Le juge unique en matière pénale, contribution à la réforme judiciaire*, éd. A. Pedone, 1935 ;

TEISSIER (S.), *Le juge unique en matière pénale*, Thèse Université Panthéon Sorbonne, 2003 ;

VIENNOT (C.), *Le procès pénal accéléré, étude des transformations du jugement pénal*, éd. Dalloz, coll. Nouvelle Bibliothèque de Thèses, 2012.

V / Les dictionnaires

CORNU (G.), *Vocabulaire juridique*, éd. PUF, coll. Quadrige, 2015 ;

CADIET (L.), *Dictionnaire de la justice*, éd. PUF, 2004.

VI / Les articles

AGOSTINI (F.), « Compétence », Rép. Pén., *Dalloz*, n° 122 ;

ANCEL (M.), « Le rôle social du juge », *Rev. Pénit.*, 1962 ;

BAUDOIN (J.-M.), « La collégialité est-elle une garantie de la sûreté des jugements ? », *RTD civ.*, 1992 ;

BEAUVAIS (P.), « Projet de loi de réforme de la justice : derrière la simplification pénale, un recul du juge ? », *Dalloz actualité*, 20 novembre 2018 ;

BENTHAM (J.), « Du nombre de juges dans chaque tribunal », *in* DUMONT (E.), *De l'organisation judiciaire et de la codification*, 1828 ;

BOURDEAU (B.), « L'injonction pénale avortée : scolies sur une question de confiance », *Dalloz*, 1995 ;

CADIET (L.), « Le juge unique en question », *Les juges uniques : dispersion ou réorganisation du contentieux*, colloque de l'IEJ de Toulon, 1995 ;

CANIVET (G.), « De la délicatesse du juriste, éloge d'une pratique désirable », *in Politique(s) criminelle(s), mélanges en l'honneur du professeur Christine LAZERGES*, éd. Dalloz, 2013 ;

CASTEL (R.), « De la dangerosité au risque », *Actes de la recherche en sciences sociales*, 47-48, 1983 ;

COMMAILLE (J.), « Éthique et droit dans l'exercice de la fonction de justice », *Revue Sociétés contemporaines*, 1991 ;

CURIEL (D.), DE MONVAL (B.), « Le tribunal de Paris à l'image de la justice française », *Dalloz actualité*, 23 novembre 2018 ;

DANET (J.), « Brèves réflexions sur une réforme de la justice ambitieuse et sur ses enjeux profonds », *Dalloz actualité*, 17 avril 2019 ;

DANET (J.), « La notion de schéma d'orientation », in *Les cahiers de la Justice*, éd. ENM/Dalloz, 2013/4 ;

DANET (J.), « L'office du juge pénal en matière délictuelle », séminaire « Être juge aujourd'hui », *IHEJ*, 3 décembre 2012 ;

DEJOURS (C.), GERNET (I.), « Travail, subjectivité et confiance », *Nouvelle revue de psychosociologie*, vol. 13, n° 1, 2012 ;

DEMOLI (Y.), WILLEMEZ (L.), « Les magistrats : un corps professionnel féminisé et mobile », *Bulletin d'information statistique Infostat Justice*, avril 2018, n° 161 ;

DOWNS (A. C.), LYONS (P. M.), « Natural observations of the links between attractiveness and initial judgements », *Personality Social Psychology Bulletin*, n° 17 ;

FAGET (J.), « La fabrique de la décision pénale. Une dialectique des asservissements et des émancipations », *Revue Champ pénal*, *Varia*, vol. 5, 2008 ;

GARAPON (A.), « Un nouveau modèle de justice : efficacité, acteur stratégique, sécurité », *revit Esprit*, 2008 ;

GARAPON (A.) et SALAS (D.), « Pour une nouvelle intelligence de la peine », *Revue Esprit*, 1995 ;

GAUTRON (V.), « La coproduction locale de la sécurité en France : un partenariat interinstitutionnel déficient », *Revue Champ pénal*, Vol. VII, 2010 ;

GROS (F.), « Foucault et la “société punitive” », *Revue Pouvoirs*, n°135, 2010 ;

HEIDSIECK (A.), « Pour aménager une peine *ab initio* il faut muscler les enquêtes pré-sententielles », *Dalloz actualité*, 24 janvier 2019 ;

JANAS (M.), SIMON-DELCROS (J.), « Un magistrat dans le miroir : pratique de l'intervision entre les magistrats », *Gazette du palais*, 26 octobre 2010 ;

JEAN (J.-P.), « Politique criminelle et nouvelle économie du système pénal », *AJ Pénal*, 2006.473 ;

KAUFMANN (J.-C.), « Les cadres sociaux du sentiment de solitude », *Revue Sciences sociales et santé.* Vol. 13, n°1, 1995 ;

KOTT (S.), « La RGPP et la LOLF : consonances et dissonances », *Revue française d'administration publique*, n° 4, 2010 ;

LACHMANN (H.), LAROSE (C.) et PENICAUD (M.), « Bien-être et efficacité au travail », *La Documentation française*, 2010 ;

LACOIN (M.), « Le juge unique », *Bulletin de la société générale des prisons*, 1905 ;

MARSHALL (D.), ETCHEVERRY (J.-M.), « L'intervision ou comment améliorer la pratique des magistrats », *Les cahiers de la justice*, éd. ENM/Dalloz, 2010/2 ;

MARSHALL (D.), « L'impact de la loi organique relative aux lois de finances (LOLF) sur les juridictions », *Revue française d'administration publique*, n° 1, 2008 ;

MENABE (J.-P.), « Premières réflexions sur les dispositions de la loi n° 95-125 du 8 février 1995 relative à l'organisation judiciaire », *Dalloz*, 1995 ;

NORMAND (J.), « Le droit à un tribunal impartial devant les juridictions de l'ordre judiciaire et la composition des juridictions », *RTD civ.*, 1993 ;

NORMAND (J.), « Le juge unique en droit privé », *Les juges uniques, Travaux du IXe colloque des IEJ, Nice*, 1974 ;

OST (F.), « Jupiter, Hercule, Hermès : trois modèles du juge », *in* BOURETZ (P.) (dir.), *La force du droit. Panorama des débats contemporains.*, éd. Esprit, 1991 ;

PERROT (R.), « Le juge unique en droit français », *RIDC*, n°4, 1977 ;

PONCELA (P.), « Le droit des aménagements de peine, essor et désordre », *Criminocorpus, revue d'Histoire de la justice, des crimes et des peines*, 2013 ;

QUINET (C.), « Herbert Simon et la rationalité », *Revue française d'économie*, 9-1, 1994 ;

RICOEUR (P.), « Sympathie et respect : phénoménologie et éthique de la deuxième personne », *Revue de métaphysique et de morale*, vol. 59, 1954 ;

ROME (F.) « L'armée des ombres », *Dalloz actualité*, 7 mai 2014 ;

ROUSSEL (G.), « L'essor de l'ordonnance pénale délictuelle », *Revue Droit et société*, n° 3, 2014 ;

SAAS (C.), « De la composition pénale au plaider-coupable : le pouvoir de sanction du procureur », *RSC*, 2004.824 ;

SALAS (D.), « Le juge aujourd'hui », *Droits*, 2001, n° 2 ;

SAUVE (J.-M.), « Les critères de la qualité de la Justice », *Célébration des vingt ans du tribunal de première instance des communautés européennes*, 25 septembre 2009 ;

TROUILLOUD (D.), SARRAZIN (P.), « Les connaissances actuelles sur l'effet Pygmalion : processus, poids et modulateurs », *Revue française de Pédagogie*, éd. INRP/ENS, 2003.

VII / Les rapports et enquêtes

Rapport du cycle approfondi d'études judiciaires 2014-2015, « Comment évaluer la qualité de la justice ? » ;

Rapport de la mission d'information du Sénat, FAUCHON (P.) et JOLIBOIS (C.) (dir.), « Quels moyens pour quelle justice ? », 1996 ;

Rapport de la mission d'information du Sénat, BAS (P.) (dir.), « Cinq ans pour sauver la justice ! », 2017, n° 495 ;

Rapport de la mission d'information du Sénat, COINTRAT (C.) (dir.), « Quels métiers pour quelle justice ? », n° 345, 2002 ;

Rapport du groupe de travail présidé par DELMAS-GUYON (P.) à Mme la Garde des Sceaux, ministre de la Justice, « Le juge au XXIe siècle, un citoyen acteur, une équipe de justice », décembre 2013 ;

Rapport du groupe de travail présidé par MARSHALL (D.) à Mme la Garde des Sceaux, ministre de la Justice, « Les juridictions du XXIe siècle », décembre 2013 ;

Rapport du groupe de travail de l'IHEJ présidé par GARAPON (A.), PERDRIOLLE (S.), BERNABÉ (B.) à Mme la Garde des Sceaux, ministre de la justice,« La prudence et l'autorité, l'office du juge au XXIe siècle », mai 2013 ;

Rapport de la commission de répartition des contentieux présidée par GUINCHARD (S.) (dir.), « L'ambition raisonnée d'une justice apaisée », 2008 ;

Enquête Cadre de vie et sécurité « *victimation 2017 et perceptions de la sécurité* », INHESJ, département ONDRP, 2018 ;

Étude d'impact du projet de loi de programmation 2018-2022 et de réforme pour la justice, 23 avril 2018 ;

Conseil Supérieur de la Magistrature, rapport annuel d'activité 2016 ;

Conseil Supérieur de la Magistrature, rapport annuel d'activité 2017 ;

Conseil Supérieur de la Magistrature, rapport annuel d'activité 2018 ;

DANET (J.), « Mouvements et mobilités d'un corps, une étude des transparences au siège et au parquet, années 2015-2016 », CSM, 2017 ;

Cour de cassation, « Le recrutement et l'avancement des juges français », 2007 ;

Direction des services judiciaires, « Magistrats : des effectifs en hausse », 11 février 2019 ;

Direction des services judiciaires, « Focus sur le mouvement annuel des magistrats », 5 mars 2019.

VIII / Les textes

Loi des 16 et 24 août 1790 ;

Loi des 19 et 22 juillet 1791 ;

Loi des 16 et 29 septembre 1791 ;

Loi du 28 décembre 1926 ;

Loi n° 64-1230 du 14 décembre 1964 ;

Loi n° 72-3 du 3 septembre 1972 ;

Loi n° 72-1226 du 30 décembre 1972 ;

Loi n° 95-125 du 8 février 1995 ;

Loi n° 98-468 du 17 juin 1998 ;

Loi n° 98-546 du 2 juillet 1998 ;

Loi n° 99-515 du 23 juin 1999 ;

Loi n° 2001-539 du 25 juin 2001 ;

Loi n° 2001-1062 du 15 novembre 2001 ;

Loi n° 2002-1138 du 9 septembre 2002 ;

Loi n° 2004-204 du 9 mars 2004 ;

Loi n° 2007-291 du 5 mars 2007 ;

Loi n° 2010-769 du 9 juillet 2010 ;

Loi n° 2001-1862 du 13 décembre 2011 ;

Loi n° 2013-669 du 25 juillet 2013 ;

Loi n° 2016-1547 du 18 novembre 2016 ;

Loi n° 2018-703 du 03 août 2018 ;

Loi n° 2019-222 du23 mars 2019 ;

Ordonnance n° 18-1273 du 22 décembre 1958 ;

Décret n° 72-788 du 28 août 1972 ;

Décret n° 93-21 du 7 janvier 1993 ;

Décret n° 99-75 du 5 février 1999 ;

Décret n° 2002-999 du 17 juillet 2002 ;

Décret n° 2006-665 du 7 juin 2006 ;

Décret n° 2015-1275 du 13 octobre 2015 ;

Circulaire n° SJ-01-134 du 06 juin 2001.

IX / Les jurisprudences

CEDH, n° 3394/03, *Medvedyev et a. c/ France*, 29 mars 2010 ;

CEDH, n° 37104/06, *Moulin c/ France*, 23 novembre 2010 ;

Cons. const., décision n° 75-56 DC du 23 juil. 1975 ;

Cons. const., décision n° 95-360 DC du 2 février 1995 ;

Cons. const., décision n° 96-373 du 9 juin 1996 ;

Cons. const., décision n° 2007-554 DC du 9 août 2007 ;

Cons. const., décision n° 2010-14/22 QPC du 30 juillet 2010 ;

Cons. const., décision n° 2011-174 QPC du 6 octobre 2011 ;

Cons. const., décision n°2017-680 QPC du 8 décembre 2017 ;

Cons. const., décision n° 2019-778 DC du 21 mars 2019 ;

Crim., 27 avril 2004, n° 03-85.288 : Bull. crim 2004, n° 98 ;

Crim., 2 septembre 2005, n° 04-87.046, Bull. crim. 2005 n° 212 ;

Crim., 18 mars 2008, n° 07-86.075, Bull. crim. 2008, n° 65 ;

Crim., 15 décembre 2010, n° 10-83.674, Bull. crim. 2010, n° 207 ;

Crim., 9 avril 2019, n° 18-83.874.

X / Articles de presse

BADINTER (R.), « Une réforme de l'instruction », *Le Monde*, 6 septembre 1985 ;

BEGUIN (F.), « La Garde des Sceaux souhaite confier aux 9200 greffiers des missions étendues », *Le Monde*, 28 avril 2014 ;

BOURGOIN (S.), « Les greffiers en lutte pour leur statut », *Libération*, 16 avril 2014 ;

CHOUQUET (M.), « Manifestations sous tensions : allô Beauvau ? », *Le nouveau magazine littéraire*, n° 15, mars 2019 ;

FOUCAULT (M.), « Contre les peines de substitution », *Libération*, 1981, vol. 18 ;

KLINENBERG (E.), « Facebook contre les lieux publics », *Le Monde diplomatique*, n° 781, avril 2019 ;

MARTIN (J.-P.), « Micro-entreprise, une machine à fabriquer des pauvres », *Le Monde diplomatique*, n° 765, décembre 2017 ;

MOROZOV (E.), « Résister à l'ubérisation du monde », *Le Monde diplomatique*, n° 736, septembre 2015 ;

SIZAIRE (V.), « Des sans-culottes aux “gilets jaunes” histoire d'une surenchère répressive », *Le Monde diplomatique*, n° 781, avril 2019 ;

STIEGLER (B.), « Le néolibéralisme est à bout de souffle », *Le nouveau magazine littéraire*, n° 15, mars 2019.

XI / Les documents divers

Conseil Supérieur de la Magistrature, *Recueil des obligations déontologiques des magistrats*, édition 2019 ;

École nationale de la magistrature, C*atalogue de formation continue*, édition 2019 ;

INSEE, *Tableaux de l'économie française*, Insee Références, édition 2017 ;

École Nationale de la Magistrature, *Chartre de l'intervision*, 2008 ;

Cour de cassation, colloque « Déontologies croisées des magistrats et des avocats », 30 novembre 2017.

XII / Les principaux sites consultés

Intranet Justice : *intranet.justice.gouv.fr* ;

Ministère de la Justice : *www.justice.gouv.fr* ;

Légifrance : *www.legifrance.gouv.fr* ;

Cairn : *www.cairn.info ;*

Dalloz : *www.dalloz.fr ;*

Conseil constitutionnel : *www.conseil-constitutionnel.fr* ;

Cour de cassation : *www.courdecassation.fr* ;

Assemblée nationale : *www.assemblee-nationale.fr* ;

Sénat : *www.senat.fr.*

Table des matières

DROIT PRIVÉ
AUX ÉDITIONS L'HARMATTAN

Dernières parutions

LE VADE MECUM FISCAL
Edition 2019
Saliou Dieye
Les arcanes de la fiscalité sénégalaise sont, à tort ou à raison, perçues comme étant inaccessibles ou inintelligibles. C'est en ce sens que ce VADE MECUM FISCAL apparaît comme une somme devant aider à une meilleure compréhension de la fiscalité sénégalaise. Il est constitué de 5 thèmes divisés en 31 fiches elles-mêmes accompagnées de divers formulaires fiscaux ainsi que du calendrier des principales obligations fiscales et sociales.
(Coll. Harmattan Sénégal, 346 p., 37 euros)
ISBN : 978-2-343-16733-6, EAN EBOOK : 9782140117107

GOUVERNANCE D'ENTREPRISE, RESPONSABILITÉ SOCIÉTALE EN DROIT MALIEN
Issiaka Cissé
Cet ouvrage interroge le droit positif malien dans l'appréhension des concepts de la gouvernance d'entreprise (GE) et de la responsabilité sociétale des entreprises (RSE). L'étude met en évidence le décalage du droit malien dans la construction évolutionniste de l'entreprise. Elle révèle que l'environnement juridique des entreprises maliennes n'évolue pas dans une économie pourtant en pleine mutation. Des contraintes liées à l'application des principes de ces deux concepts créent un déséquilibre en termes de compétitivité au plan national voire régional ou international.
(Coll. Études africaines, 390 p., 38 euros)
ISBN : 978-2-343-15230-1, EAN EBOOK : 9782140108464

L'ÉGALITÉ DE L'HOMME ET DE LA FEMME DANS LE MARIAGE
Etude comparée des droits du Bénin, du Burkina Faso et du Mali
Aïssata DABO
Des États africains ont rénové leurs législations sur le mariage dans l'idée de les conformer au dispositif juridique international, qui place désormais l'égalité homme-femme au centre des débats. Toutefois, l'objectif est largement dévié par le pluralisme juridique qui demeure, en droit et en fait, un frein pour l'indifférenciation des droits des sexes. Cet ouvrage se propose de rechercher la mesure de l'égalité, en matière de mariage, réellement promue par les droits béninois, burkinabè et malien.
(Coll. Études africaines, 614 p., 49 euros)
ISBN : 978-2-343-15377-3, EAN EBOOK : 9782140105197

DROIT DES ENTREPRISES INDIVIDUELLES

Commerçant / Entreprenant / Bail à usage professionnel / Fonds de commerce / Vente commerciale / Commerce électronique

Cheikh Abdou Wakhab Ndiaye

L'entreprise est une notion moderne et polysémique qui n'a fait son apparition que très récemment dans le droit sénégalais. L'entreprise individuelle concerne le commerçant, personne physique, et l'entreprenant. Son droit est un véritable droit du développement. Il matérialise une volonté de promouvoir l'initiative privée par, d'une part, la facilitation des conditions d'accès au monde des affaires et, d'autre part, la mise en place d'un climat favorables aux investissements. Il est ainsi un creuset où les droits OHADA, UEMOA et sénégalais sont conjugués pour la réalisation de cette ambition.

(Coll. Harmattan Sénégal, 404 p., 40 euros)

ISBN : 978-2-343-15882-2, EAN EBOOK : 9782140102196

LA CRISE DE LA FISCALITÉ AU BRÉSIL

Melina de Souza Rocha Lukic

Préface de Fernando Rezende

Au Brésil, le débat sur la réforme fiscale est considéré comme l'une des questions politiques les plus récurrentes de ces dernières années. Dans ce livre, Melina DE SOUZA ROCHA LUKIC éclaire, par l'approche des « trois i » (idées, intérêts et institutions), le processus d'émergence et de création du paradigme de la politique fiscale de ce pays ainsi que les tentatives pour le modifier.

(Coll. Recherches Amériques latines, 292 p., 30 euros)

ISBN : 978-2-343-14891-5, EAN EBOOK : 9782140092367

LA LUTTE CONTRE LE BLANCHIMENT DE CAPITAUX ET LE FINANCEMENT DU TERRORISME

En droit pénal congolais et en droit pénal comparé

Boniface Kabanda Matanda

Préface de Barnabé Ilunga Tshibangu

Au fil des chapitres l'auteur aborde les moyens de lutte contre le blanchiment de capitaux et le financement du terrorisme. Le premier chapitre est consacré à l'approche comparative de l'organisation des polices administrative et judiciaire. Le deuxième traite du blanchiment de capitaux et le troisième est relatif au financement du terrorisme. Le quatrième chapitre analyse les systèmes de prévention et de détection. Le cinquième et dernier chapitre pose quant à lui la problématique de la lutte y afférente.

(Coll. Harmattan RDC, 540 p., 40 euros)

ISBN : 978-2-343-14514-3, EAN EBOOK : 9782140092206

DROIT DES SOCIÉTÉS COMMERCIALES OHADA

André Akam Akam, Voudwe Bakreo

Ce livre vise à exposer, expliquer, systématiser et critiquer les règles qui régissent la constitution, le fonctionnement et la disparition des sociétés commerciales. Il montre que le droit des sociétés commerciales OHADA vise la promotion, la protection et la société judiciaire des investissements, autant qu'il tend à protéger les intérêts particuliers. En outre, il met en exergue la richesse, la variété et la modernité du droit des sociétés de l'OHADA, ainsi que l'abondance et la qualité des travaux de recherche des auteurs africains et d'ailleurs qui s'intéressent au droit OHADA.

(Coll. Dynamiques du droit OHADA, 752 p., 55 euros)

ISBN : 978-2-343-12819-1, EAN EBOOK : 9782140050770

LA PROTECTION CONTRE LES ATTEINTES AUX DROITS SUR LES SIGNES DISTINCTIFS DANS L'ESPACE OAPI

Charles Badou

Les signes distinctifs confèrent à leur propriétaire un droit exclusif d'exploitation. Celui-ci bénéficie de règles dérogatoires au droit commun, qui ont pour vocation première d'assurer aux signes distinctifs une protection contre les atteintes dont ils peuvent être l'objet. Mais l'efficacité de la protection est toute relative. La protection contre les atteintes aux signes distinctifs exige donc de nouvelles solutions qui, prenant en compte la particularité du droit de la propriété industrielle, protègeront efficacement les signes distinctifs contre les violations des droits exclusifs de leur propriétaire.

(Coll. Études africaines, 468 p., 42 euros)

ISBN : 978-2-343-11816-1, EAN EBOOK : 9782140050190

LE GUIDE PRATIQUE DE LA COPROPRIÉTÉ AU SÉNÉGAL 2È ÉDITION

Les textes, les commentaires, la jurisprudence française et sénégalaise remis à jour

Franck Zeitoun

Préface de Souleymane Kane

Dix ans après la publication du Guide pratique de la copropriété au Sénégal en 2007 force est de constater que le paysage sénégalais a fortement évolué. Sur le plan des constructions d'immeubles, de nombreuses copropriétés verticales ou horizontales ont vu le jour dans les villes existantes et dans des villes nouvelles. Sur le plan juridique, des lois importantes ont été promulguées et la Jurisprudence s'est étoffée. Si le plan de la 1ère version a été conservé, ce livre contient des chapitres supplémentaires, apporte des réponses plus complètes et comporte davantage de références de jurisprudences rendues par les juridictions sénégalaises.

(Coll. Harmattan Sénégal, 350 p., 35 euros)

ISBN : 978-2-343-12876-4, EAN EBOOK : 9782140048739

LA RESPONSABILITÉ PÉNALE DES PERSONNES MORALES EN DROIT MALIEN À LA LUMIÈRE DU DROIT COMPARÉ

Issa Makan Keita

Ce livre tente de faire le point sur la pertinence et l'efficacité des codes pénaux autour d'un aspect central du droit : la responsabilité pénale des personnes morales. Les éléments de cette responsabilité pénale sont-ils réunis, notamment l'élément moral ? N'est-il pas plus dissuasif de punir les hommes plutôt que la personne morale elle-même ? L'objectif est d'apporter un éclairage nouveau à la compréhension de l'applicabilité de ladite responsabilité pour les Etats dont le Mali.

(Coll. Études africaines, 404 p., 39 euros)

ISBN : 978-2-343-12659-3, EAN EBOOK : 9782140047794

70 ANS DE JUSTICE PÉNALE DES MINEURS

Entre spécialisation et despécialisation

Nadia Beddiar

L'année 2015 marque la célébration des 70 ans de l'ordonnance du 2 février 1945 relative à l'enfance délinquante. Par ce texte, la France a institué, après bien d'autres pays, une justice et un traitement pénal des mineurs véritablement spécifiques. Cet anniversaire offre l'occasion de revenir sur le passé, d'aborder le présent et de se projeter dans l'avenir de cette justice qui se veut singulière. Cet ouvrage permettra au lecteur d'apprécier la richesse des débats et les enjeux fondamentaux de ce sujet pour notre société.

(Coll. Colloques et rencontres, 196 p., 20,5 euros)

ISBN : 978-2-343-11815-4, EAN EBOOK : 9782140035302

DÉLINQUANCE SÉRIELLE ET POLICE JUDICIAIRE

Jean-François Impini

Sérialité de la délinquance, information judiciaire, analyse criminelle sérielle désignent des notions familières mais peu étudiées par les sciences criminelles. Postulant l'idée assez commune d'une délinquance largement réitérante, l'ouvrage tente de dérouler le fil logique que pourrait suivre l'investigation policière pour exploiter de façon systématique ce caractère sériel des infractions.

(Coll. Sécurité et société, 372 p., 37,5 euros)

ISBN : 978-2-343-11147-6, EAN EBOOK : 9782140028649

CRIMINALITÉ EN COL BLANC

Délinquance d'affaires, délinquance financière, délinquance fiscale

Sous la direction de Jacques Delga

Cet ouvrage à caractère pluridisciplinaire, où chaque auteur a librement choisi le thème à traiter, fait référence à la construction de modèles criminels astucieux. Il revient sur la difficulté de prévenir ou de réprimer le crime en col blanc, aux renseignements, à la cybercriminalité, à la corruption ou encore à la lutte contre les comptes bancaires non déclarés. De nombreux exemples français, mais aussi étrangers sont cités : « Amazon, Société Générale, Clearstream, Madoff, Cahuzac, etc. », permettant ainsi de revenir sur le traitement de cette criminalité en col blanc.

(Coll. Colloques et rencontres, 418 p., 39 euros)

ISBN : 978-2-343-10388-4, EAN EBOOK : 9782140026492

DE LA MOBILISATION DU FAIT À LA RÉALISATION DU DROIT

Maxime Lei, Loïc Yboud

(sous la direction de)

La présente étude se propose de plonger au coeur de la manifestation la plus évidente du phénomène juridique : le règlement des conflits. Plusieurs générations de juristes représentant diverses sensibilités doctrinales et spécialités proposent ici un dialogue fructueux sur cette question. En confrontant une multitude de points de vue, le présent ouvrage s'adresse à tous ceux qui souhaitent comprendre et approfondir leurs connaissances sur ce mécanisme élémentaire de la vie en société. C'est ici l'ensemble du processus juridique de règlement des conflits qui est « dépoussiéré ».

(Coll. Droit privé et sciences criminelles, 228 p., 24,5 euros)

ISBN : 978-2-343-09829-6, EAN EBOOK : 9782140018503

Structures éditoriales du groupe L'Harmattan

L'Harmattan Italie
Via degli Artisti, 15
10124 Torino
harmattan.italia@gmail.com

L'Harmattan Hongrie
Kossuth l. u. 14-16.
1053 Budapest
harmattan@harmattan.hu

L'Harmattan Sénégal
10 VDN en face Mermoz
BP 45034 Dakar-Fann
senharmattan@gmail.com

L'Harmattan Cameroun
TSINGA/FECAFOOT
BP 11486 Yaoundé
inkoukam@gmail.com

L'Harmattan Burkina Faso
Achille Somé – tengnule@hotmail.fr

L'Harmattan Guinée
Almamya, rue KA 028 OKB Agency
BP 3470 Conakry
harmattanguinee@yahoo.fr

L'Harmattan RDC
185, avenue Nyangwe
Commune de Lingwala – Kinshasa
matangilamusadila@yahoo.fr

L'Harmattan Congo
67, boulevard Denis-Sassou-N'Guesso
BP 2874 Brazzaville
harmattan.congo@yahoo.fr

L'Harmattan Mali
Sirakoro-Meguetana V31
Bamako
syllaka@yahoo.fr

L'Harmattan Togo
Djidjole – Lomé
Maison Amela
face EPP BATOME
ddamela@aol.com

L'Harmattan Côte d'Ivoire
Résidence Karl – Cité des Arts
Abidjan-Cocody
03 BP 1588 Abidjan
espace_harmattan.ci@hotmail.fr

L'Harmattan Algérie
22, rue Moulay-Mohamed
31000 Oran
info2@harmattan-algerie.com

L'Harmattan Maroc
5, rue Ferrane-Kouicha, Talaâ-Elkbira
Chrableyine, Fès-Médine
30000 Fès
harmattan.maroc@gmail.com

Nos librairies en France

Librairie internationale
16, rue des Écoles – 75005 Paris
librairie.internationale@harmattan.fr
01 40 46 79 11
www.librairieharmattan.com

Lib. sciences humaines & histoire
21, rue des Écoles – 75005 Paris
librairie.sh@harmattan.fr
01 46 34 13 71
www.librairieharmattansh.com

Librairie l'Espace Harmattan
21 bis, rue des Écoles – 75005 Paris
librairie.espace@harmattan.fr
01 43 29 49 42

Lib. Méditerranée & Moyen-Orient
7, rue des Carmes – 75005 Paris
librairie.mediterranee@harmattan.fr
01 43 29 71 15

Librairie Le Lucernaire
53, rue Notre-Dame-des-Champs – 75006 Paris
librairie@lucernaire.fr
01 42 22 67 13

www.ingramcontent.com/pod-product-compliance
Lightning Source LLC
LaVergne TN
LVHW021212061026
849535LV00008B/2702
* 9 7 8 2 3 4 3 1 8 7 6 7 9 *